शिवसूत्र

SUNO ! SHIVA KYA KAH RAHE HAIN .....

डॉ. रीनू सिरोही

समर्पित है
भगवान शिव का
यह ज्ञान
सत्य के सभी जिज्ञासुओं
एवं
शिवभक्तों को !

क्रम-सूची

प्रस्तावना

संपादक की कलम से,

भगवान शिव, गुरुक्षेत्र और आचार्य वसुगुप्त को कृतज्ञता पूर्वक नमन !

वैसे तो आत्मसाक्षात्कार शब्दों से नहीं, कृपा से होता है किंतु गुरु एवं शास्त्र महत्वपूर्ण साधन अवश्य होते हैं। गुरु मार्गदर्शन में सहायक होता है, वह शिष्य को शिशु की तरह उँगली पकडकर चलाता है तो वहीं शास्त्र उसके ज्ञान के सत्यापन में सहायक होते हैं। पुस्तकें न केवल अनुत्तरित प्रश्नों के उत्तरों की खोज में सहायता करती हैं वरन आध्यात्मिक प्यास जगाने का कार्य भी करती हैं।

प्रस्तुत पुस्तक भी इसी दिशा में किया गया एक प्रयास है किंतु इस प्रयास की सफलता के पीछे गुरुक्षेत्र की करुणा है। गुरुतत्व की कृपा से ही साधक को प्रेरणा, संबल और ऊर्जा प्राप्त होती है जिससे कार्य का संपादन होता है। भगवान शिव के इन सूत्रों की सरलतम व्याख्या कर जन मानस तक पहुँचाने का भाव जाग्रत होने पर जब रीनू जी ने इस विषय पर मुझसे बात की, तो मैंने उन्हे यही कहा, कि यदि अस्तित्व प्रेरित कर रहा है तो क्रियान्वित भी वही करेगा, हर्ष की बात यह है कि निमित्त हमें चुना गया है।

मूल शिवसूत्र जिसका नाम "शिवसूत्रे" है, उसकी रचना आचार्य वसुगुप्त ने, नवीं शताब्दी में की थी। कहा जाता है कि, भगवान शिव ने स्वप्न में आकर उन्हे इन सूत्रों के विषय में बताया था, जो कि एक पत्थर की चट्टान में उकेरे हुए थे। मूल पुस्तक के तीन अध्यायों में कुल सतहत्तर सूत्र हैं और पुस्तक की भाषा संस्कृत है।

प्रस्तुत पुस्तक इन्ही सूत्रों की व्याख्या अत्यंत ही सरल और सुग्राह्य भाषा में करती है जो आप आत्मीय जिज्ञासु जनो के समक्ष है।

आदित्य मिश्रा

भूमिका

शिवसूत्र, जैसा कि सूत्र शब्द से ही स्पष्ट है कि, भगवान शिव द्वारा सूत्रों की रचना संकेतों के रूप में की गयी है। अज्ञान वश दुख और बंधन में पड़े मनुष्यों के प्रति शिव की करुणा इन सूत्रों के माध्यम से प्रकट हुई है। संसार से मुक्ति अपना सत्य स्वरूप जानकर ही हो सकती है और ये सूत्र ऐसे संकेत हैं जो सभी मान्यताओं, धारणाओं को ध्वस्त करते हुए क्रमशः आत्मबोध की ओर ले जाते हैं।

आत्मज्ञानी महापुरुषों के ऐसे वचन जो हमें शास्त्रों के रूप में मिलते हैं, जिनमें सत्य की ओर संकेत किया गया होता है, उन वचनों में उनके कथन का जो गहरा भाव पिरोया होता है, उन भावों को बुद्धि अलग अलग तरह से ग्रहण करती है क्योंकि शब्द भावों को यथावत व्यक्त करने में असमर्थ होते हैं।

यही एक कारण है कि शास्त्रों के, कई कई भाष्य लिखे जाते हैं। इन भाष्यों में भाष्यकार की भावदशा भी मिश्रित हो जाती है, लेकिन हर्ष की बात यह है कि, सत्य एक ही होता है केवल उसके कहने के तरीके भिन्न-भिन्न होते हैं। प्रत्येक भाष्यकार कह वही बात रहा होता है, केवल उसके कहने का ढंग ही पृथक होता है।

शिवसूत्र की यह व्याख्या स्वांतःसुखाय ही है। सूत्रों की व्याख्या मेरे ज्ञान में बने रहने का साधन बनीं तो इसे पुस्तक में ढालने की इच्छा हुई। मेरा उद्देश्य इन सूत्रों में निहित गहन ज्ञान को समझना था, इसीलिए मैंने परत दर परत प्रश्न उठाकर इसे सरल कर समझने का प्रयास किया है, अतः आशा है कि इस सरलतम प्रस्तुति से एक नये से नया साधक भी इस ज्ञान को आत्मसात कर सकेगा।

शिवसूत्र का पहला सूत्र ही घोषणा करता है : "चैतन्यमात्मा" यानि मैं जो हूं चैतन्य ही हूं, और अंतिम सूत्र की समाप्ति भी इसी निष्कर्ष से होती है। कहने का आशय यह है कि चैतन्य की ही यात्रा है, जिसे हम "चैतन्य से चैतन्य तक", की यात्रा कह सकते हैं।

शिवसूत्र में जो उपाय बताए गये हैं वो पृथकता की इस धारणा को दूर करते हैं, कि मैं अस्तित्व से भिन्न किसी रचयिता की रचना हूं या परमात्मा मुझसे अलग है। परमात्मा मुझसे कभी अलग नहीं हो सकता, मैं ही परमात्मा से अलग हो जाता हूं

और फिर उससे मिलने के उपायों की खोज करता हूं। महायोगी शिव इन सूत्रों के माध्यम से आपको आप से ही मिलवाते हैं।

शिवसूत्र में तीन अध्याय हैं। पहले शांभवोपाय में ज्ञान साधन है, दूसरे शाक्तोपाय में शक्ति साधन है और तीसरे आणवोपाय में स्थूल उपाय साधन हैं।

डॉ रीनू सिरोही

आभार

कुछ संबंध ऐसे होते हैं जिन्हें किसी भी एक नाम से परिभाषित करना संभव नहीं होता, उस एक संबंध में सारे संबंध समाहित होते हैं। गुरु शिष्य का संबंध ऐसा ही संबंध है। तो सबसे पहले मैं श्रद्धापूर्वक नमन और आभार व्यक्त करती हूं अपने **गुरुदेव श्री तरुण प्रधान जी** का, जिनसे प्राप्त ऊर्जा, आशीर्वाद और अंतःप्रेरणा ने यह कार्य किया, न कि मैंने।

फिर हृदय से आभार उन दो व्यक्तित्वों का, जिनकी महत्वपूर्ण भूमिका के बिना भगवान शिव के इन सूत्रों का पुस्तक रूप में आकार लेना संभव न होता, उनसे भी अपने संबंध को मैं इसी श्रेणी में रखना चाहूंगी। पहला, **भारती चौधरी जी**, जिनके माध्यम से शिवरात्रि के पावन दिवस पर स्वयं शिव ने यह पुस्तक लिखने की प्रेरणा दी और दूसरा **आदित्य मिश्रा जी** जिनके निरंतर, हर कदम पर सहयोग से यह व्याख्या और लेखन संभव हो सका।

अब आभार उनका, जिन्होने लेखन के दौरान मेरा उत्साहवर्धन किया, सांसारिक जीवन के साथ साथ मेरे आध्यात्मिक पथ को भी सुगम बनाने वाले, इस जन्म के मेरे जीवनसंगी, **संदीप चौधरी जी** का।

अंत में आभार सभी परिवारजनों, मित्रों और आध्यात्मिक साथियों का, जिनकी अदृश्य ऊर्जा ने इस लेखन कार्य में मेरा सहयोग किया।

डॉ रीनू सिरोही

शब्दावली

आत्मा

आत्मन् ,साक्षी, द्रष्टा, या शून्यता जो सभी अनुभवों का अनुभवकर्ता है, मेरा तत्व है। जैसा कि अद्वैत वेदांत में उल्लेख किया गया है।

शिव

शिवम् , आत्मन् का समानार्थी। जैसा कि शैव दर्शन में वर्णित है।

चैतन्य

ब्रह्मन् ,अस्तित्व, सम्पूर्णता, समग्रता, जो कुछ भी है, प्रकट - अप्रकट,ज्ञात, अज्ञात और अज्ञेय,सब कुछ एक साथ, एकता के रूप में लिया जाता है। आत्मन् ही ब्रह्मन् है। चैतन्य ही आत्मा या शिव है।

ईश्वर

प्रकट अस्तित्व। वह सब जो अनुभव किया जा सकता है, विश्वचित(वेदांत के अनुसार),
शक्ति या देवी (शैव या तंत्र मार्ग के अनुसार),
साकार ब्रह्म, अवतार आदि।

चेतना शक्ति

चैतन्य में निहित क्रियाशक्ति, वह ऊर्जा जो रचना करती है। जैसा कि शैव दर्शन में वर्णित है।

चेतना

ज्ञान का प्रकाश

प्रकृति

वह सभी जो रचनाओं के रूप में प्रकट है, सृष्टि। जैसा कि सांख्य में वर्णित है।

चित

संस्कारों का संग्रह, जहां ज्ञान के साथ-साथ अज्ञान स्मृति या छाप के रूप में रहता है।

जीव

चित का वह भाग जो भौतिक शरीर से सम्बंधित है और जो जन्म और मरण के चक्र में है।

मन

मनस, चित का वह भाग जो विचार आदि विभिन्न प्रक्रियाओं का केंद्र है, इंद्रियो का संचालक।

बुद्धि

चित का वह भाग जिसमें ज्ञान, तर्क, समझ, विवेक, कलाओं आदि की योग्यता है।

इंद्रिय

चित का वह भाग जो जगत का या मनोशरीर के अनुभव का माध्यम है।

तत्त्व

सार, सत्य, वास्तविकता। जो कभी नहीं बदलता।

निराकार

जिसका आकार न हो, अप्रकट।

शुद्ध

गुणरहित। अनुपलब्धि। ये शब्द केवल अनुपस्थिति, खालीपन की ओर संकेत करते हैं।

अज्ञेय

जो बुद्धि के परे है।

अनुभव

शरीर, मन और जगत के रूप में जो भी प्रकट है।

आनंद
सुख-दुःख से परे स्थायी शांति।

गुरुक्षेत्र
वह स्मृति क्षेत्र जहां संपूर्ण ज्ञान संचित है, यह कोई स्थान नहीं है।

निराकार
अप्रकट, आकाररहित।

साकार
जो भी प्रकट है।

ब्रह्मा
प्रकृति की तीन शक्तियों (ब्रह्मा, विष्णु, महेश) में से एक जो सृजनात्मक है।

माया
जो है नहीं, प्रतीत होता है। परिवर्तनशील।

विद्या
ज्ञान, चेतना।

अविद्या
अज्ञान, मान्यताएं, धारणाएं आदि।

ज्ञान
बुद्धि द्वारा जाना गया, अनुभवों का संयोजन।

साक्षी
शरीर मन और जगत को भी देखने वाला।

शुद्ध विद्या
सहज बोध, प्रज्ञा, विस्तृत चेतना।

पर्यायवाची

(1) अस्तित्व, परब्रह्म, प्रकट-अप्रकट, अनंत, अनंत ब्रह्मांड, अखिल विश्व

(2) माया, चित, प्रकट भाग, अनुभव, नाद, वेग, शक्ति, ब्रह्म की इच्छाशक्ति, चैतन्य की चेतना, ऊर्जा, देवी

(3) चैतन्य, तत्व, सत्य, आत्मा, आत्मन, ब्रह्म, ब्रह्मन, साक्षी, द्रष्टा, अनुभवकर्ता, देखने वाला, जानने वाला, अप्रकट भाग, निराकार, शिव, शिव तत्व।

1

शाम्भवोपाय

शिव सूत्र के तीन अध्यायों में प्रथम, शांभवोपाय में कुल बाईस सूत्र हैं, जिनमें जिज्ञासु की जिज्ञासा के समाधान का आधार वार्तालाप है अर्थात उसे सुनना है, सुने हुए पर मनन करना है और फिर उस ज्ञान में बने रहना है। इसे ही श्रवण, मनन और निदिध्यासन कहा जाता है।

शांभवोपा य के सूत्र उन साधकों को संबोधित कर रहे हैं जो जन्मजात साधक हैं, जिनमें पूर्वजन्म की साधना के परिणाम स्वरूप संसार के प्रति मोह का भाव नहीं वैराग्य का भाव है क्योंकि उनकी दृष्टि संसार की असारता को देख पा रही है और यह भी देख पा रही है कि सभी दुःखो का मूल अज्ञान है।

ऐसे जिज्ञासु की बुद्धि तर्कशील और शुद्ध होती है, विवेक जागृत होता है। वह कही सुनी बातों को अपरोक्ष अनुभव और तर्क से जांचे बिना स्वीकारता नहीं है। उसकी बुद्धि में यदि आंशिक अशुद्धि भी है, तो ज्ञान के द्वारा चित्त में उपस्थित भ्रम के समाप्त होते ही बुद्धि शुद्ध हो जाती है।

ऐसे साधक को किसी साधना या प्रयास की आवश्यकता नहीं होती, वह इतना ग्रहणशील और संवेदनशील होता है कि उसकी दृष्टि संकेतों के आधार पर ही बुद्धि से परे गंतव्य को देख सकती है।

चैतन्यमात्मा । १-१ । अर्थ : आत्मा चैतन्य या शुद्ध चेतना है।

मैं क्या हूं, मेरा तत्व* क्या है, यह मूल प्रश्न है और पहला सूत्र इसी प्रश्न के समाधान के साथ आगे बढ रहा है।

आत्मा अर्थात मेरा होना या मेरा सत्य स्वरूप, तो यह क्या है? सूत्र बताता है: आत्मा शुद्ध चेतना है। जब शिव कहते हैं कि मैं शुद्ध चैतन्य हूं तो इसका अर्थ यह है कि मैं भौतिक देह या मन आदि नहीं हूं।

इसे कैसे जांचें?
इसे जांचने के लिए पहले यह जानना आवश्यक है कि सत्य क्या होता है? तो जो अपरिवर्तनीय हो, अटल हो, वही सत्य या तत्व* है।अतः जो भी परिवर्तित हो जाता हो वह सत्य या मेरा तत्व नहीं हो सकता।

तो आप गौर करेंगे तो पाएंगे कि आप जो भी देख सकते हैं अर्थात जिनका भी आप अनुभव कर सकते हैं, वे सभी दृश्य, वस्तुएं निरंतर बदल रही हैं, परिवर्तित हो रही हैं।

तो नियम निकल कर यह आता है कि: जिसका भी अनुभव हो जाता है, वो आप नहीं हो सकते, और जो परिवर्तित हो जाता है, वो आप नहीं हो सकते। अब आप जांचें तो पाएंगे कि वस्तु, शरीर, संवेदनाएं*, भावनाएं*, विचार, इच्छाएं, स्मृति तथा स्मृति में संचित कला कौशल, लिंग, नाम, उपाधि, शिक्षा, जाति, धर्म, राष्ट्रीयता आदि इन सबका आपको अनुभव होता है और ये सभी अनुभव बदलते रहते हैं, तो निष्कर्ष यह निकलता कि ये सब, आप नहीं हो सकते।

इससे यह भी स्पष्ट है कि इन सब अनुभवों को हटाने के बाद भी आपका होनापन बचा हुआ है जो इन सब अनुभवों का साक्षी है। वही चैतन्य है।

अब ये जो आपका होनापान यानि चैतन्य है, इसके बारे में कुछ प्रश्न अपने आप से उठाइए:
क्या इसका कोई आकार है?
क्या इसका कोई निश्चित स्थान है?
क्या इसे किन्ही सीमाओं में बांधा जा सकता है?

क्या इसका जन्म -मरण हो सकता है?

शरीरादि का कोई भाग नष्ट होने पर क्या यह भी नष्ट हो जाता है?

स्मरण के चले जाने पर क्या यह भी चला जाता है?

आप पाएंगे कि इन सभी प्रश्नों का एक ही उत्तर आता है - " नहीं"।

अतः स्पष्ट है कि चैतन्य यानि आप निर्गुण निराकार हैं, असीमित व सर्वव्यापी हैं और अजर व अमर हैं। शरीर, मन, जगत और इनमें होने वाली प्रक्रियाएं अनुभव हैं और आप इनके साक्षी हैं, द्रष्टा हैं।

----

*तत्व : तत्व वह है जिसके कारण किसी वस्तु आदि का होना संभव होता है, जैसे : मिट्टी तत्व है और उसी के कारण घड़ा आदि मृदभांडों का आकार या नाम रूप संभव है। तत्व बदलता नहीं है, तत्व से निर्मित आकार प्रकार बदलते रहते हैं। आकार प्रकार के नाश होने पर भी तत्व का नाश नहीं होता, जैसे- घडे आदि के टूटने से मिट्टी जस की तस रहती है।
*तत्व व सत्य : तत्व व सत्य एक ही है, तत्व ही सत्य है और सत्य ही तत्व है। तत्व अपरिवर्तनीय है और इसी कारण से सत्य है।
*संवेदनाएं : भूख, प्यास, दर्द, थकान आदि।
*भावनाएं : क्रोध, ईर्ष्या, घृणा, दया, करुणा आदि।

॥ॐ॥

ज्ञानं बन्धः । १-२ । अर्थ : ज्ञान बंधन है।

पहला सूत्र कहता है कि आत्मा अर्थात मैं चैतन्य हूं जो निराकार है और निराकार का ज्ञान नहीं हो सकता। तो अब प्रश्न यह है कि जो मुझे मेरा ज्ञान हो रहा है, कि मैं नामरूप (शरीर और मन) हूं, यह ज्ञान क्या है?

सूत्र इसी प्रश्न का उत्तर देते हुए कह रहा है, 'ज्ञानम बंधः' अर्थात यह ज्ञान जो स्वयं को शरीर और मन मान सीमित कर रहा है, यह बंधन है। सीमाएं खंड करती हैं, जिससे अहं और भेद का जन्म होता है।असीमित में खंड की प्रतीति आभासिक है, इसे सत्य मान लेना ही बंधन है क्योंकि वास्तव में जीव सीमित हुआ नहीं सिर्फ सीमित होने का ज्ञान हो रहा है।

कैसे?

ज्ञान का शाब्दिक अर्थ है जानना या जो भी जाना जा रहा है। जीव जो भी जान रहा है इंद्रियों के माध्यम से जान रहा है। आंख, कान, नाक,जिह्वा और त्वचा के माध्यम से क्रमश: रूप, ध्वनि, गंध, स्वाद और स्पर्श का अनुभव होता है। इन्द्रियां जो भी बताती है, बुद्धि उन अनुभवों का विश्लेषण कर उन्हे विभाजित करती है, जैसे कि-

१. उसे अन्य शरीर, जीव और जगत की वस्तुएं अपने शरीर से अलग दिखते हैं।
२. जीवों, वस्तुओं, परिस्थितियों आदि को सही- गलत, अच्छा -बुरा, उपयोगी -अनुपयोगी, अनुकूल- प्रतिकूल के खांचे में डालती है।

अतः पहले तो इंद्रियां ही बहुत सीमित अनुभव ग्रहण करती हैं और फिर बुद्धि, उन अनुभवो को भी खंड-खंड कर देती है, बुद्धि का किया यह विश्लेषण भेद ज्ञान है।

दूसरी ध्यान देने वाली बात यह है कि जिन इंद्रियों द्वारा लिए गए अनुभवों के संयोजन से ज्ञान होता है, वे इंद्रियां कभी सच नहीं बताती। वे अपनी सीमा के अनुरूप ही जानकारी देती हैं। यह इस उदाहरण से स्पष्ट है कि जब कृत्रिम रूप से सूक्ष्मदर्शी या दूरदर्शी द्वारा आंख की देखने की सीमा बढ़ाई जाती है तो वह दृश्य या अनुभव बदल जाता है।

यह आभासीय ज्ञान है जिसमें विभाजन है, कर्ता है, कर्म हैं। यह न हो, तो मात्र होना है, जो कि चैतन्य की सहज स्थिति है।

एक शिशु में भेदवृत्ति नहीं है, वह अबोधता में अस्तित्व से एकाकार है। जैसे जैसे वह बड़ा होता है, वह आसपास के वातावरण से सीखता है कि वह अस्तित्व से अलग कोई व्यक्तित्व है, इस देह के तादात्म्य से मैं और फिर मेरा या मेरे उपस्थित हो जाते हैं। वह वस्तुओं से, संबंधों से, पद प्रतिष्ठा से स्वयं को जोड़ता जाता है और उनसे बंधता चला जाता है।

यह सांसारिक ज्ञान जीवन के लिए उपयोगी तो है पर यह अंतर्चेतना को ढक लेता है। व्यक्ति का बहिर्मुखी चित्त इसी ज्ञान को सत्य मान उसी के अनुसार ढलता

जाता है। जिस प्रकार शेर का बच्चा भेड़ों के बीच रहकर स्वयं को भेड़ ही समझने लगता है,उसी प्रकार व्यक्ति अपने वास्तविक स्वरूप से अपरिचित रह कर देहबोध में जीता रहता है।

व्यावहारिक पक्ष :

मनुष्य में बुद्धि के विकास ने उसे इस संपूर्णता से अलग करने का कार्य किया। उसने पारिवारिक, सामाजिक, भौगोलिक सीमाएं गढ़ीं, उन्हे नाम दिए, उनकी व्यवस्था हेतु नियम बनाए और इस तरह उसने प्राकृतिक व्यवस्था से भिन्न स्वयं की व्यवस्था गढ ली। उसने उस प्राकृतिक व्यवस्था को भंग कर दिया जिसमें प्रत्येक जीव के जीवन में एकरूपता थी। प्रकृति में सभी जीवों के लिए संसाधनों का समान वितरण था मनुष्य ने अन्य सभी जीवों से और सबल मनुष्यों ने दुर्बल मनुष्यों से उन संसाधनों को छीनने का कार्य किया। उसने स्वयं को परिवार, जाति, समाज और राष्ट्र के रूप में सीमित कर लिया । इस भेद ज्ञान ने उसे संपूर्णता से अलग खंड खंड कर दिया और वह स्वयं ही विभिन्न सीमाओं में बंध गया।

☙

योनिवर्गः कलाशरीरम् । १-३ । अर्थ : योनि यानि स्रोत (चैतन्य) में जिस भेद (वर्ग) का ज्ञान हो रहा है, वह उसी के लीला (कला) रूप (शरीर) हैं।

पिछले दो सूत्रों से यह स्पष्ट हुआ कि मेरा सत्यस्वरूप निराकार चैतन्य है और जो स्वयं के नामरूप होने का ज्ञान हो रहा है वह भेद ज्ञान है, बंधन है। **अब प्रश्न उठता है कि मैं चैतन्य हूं तो ये जगत में दिख रहे अन्य शरीर व रचनाएं क्या हैं?**

यह सूत्र इसी प्रश्न का उत्तर देते हुए कहता है कि ये विभिन्न रूप चैतन्य की ही कलाएं हैं अर्थात उसके ही रूप है। जैसे चंद्रमा की भिन्न कलाओं में चंद्रमा ही होता है, वैसे ही ये जो योनिवर्ग है, यह चैतन्य के ही होने का ढंग है अर्थात एक ही चैतन्य सर्वव्याप्त है।

जिन नामरूपों का ज्ञान हो रहा है वह चैतन्य का ही प्रकट रूप है। इस प्रकट रूप को चित और उसके बढ़ते विकासक्रम को चित की परतें कह सकते हैं। जैसे- खनिज, जलीय जीव, पेड़ पौधे, सरीसृप, स्तनपाई जीव, मनुष्य आदि, ये सब चित की परतें

हैं और ये परतें चैतन्य की ही यात्रा है, जो जड से चेतन की ओर है। इनमें जो विभिन्नता दिखाई पड़ती है, वह केवल आकार प्रकार हैं, सबका स्रोत एक ही है।

अब प्रश्न उठता है कि ये जो चित्त रचनाओं के रूप में दिख रहा है क्या कोई इसका रचियता है? तो नहीं! कोई रचना नहीं हुई है और न ही कोई रचने वाला है। रचना की प्रतीति मात्र है। चैतन्य चेतना का अनंत सागर है जिसमें चित्त, चैतन्य में उठती हुई अनंत लहरों के रूप में व्यक्त हो रहा है। ये अनंत शरीर जो अलग अलग दिखते हैं, ये अलग-अलग नहीं, ये सामूहिक रूप से चैतन्य का शरीर है। चैतन्य का संपूर्ण शरीर प्रकट भी है और अप्रकट भी है। जो प्रकट है वह चित्त है, जिसमें व्यक्त भी है और अव्यक्त भी।

ब्रह्म ने जीव का रूप लिया नहीं है, जीव उसके होने का ढंग है। स्वर्ण के विभिन्न आभूषणों के आकार का भिन्न अस्तित्व नहीं है, वह स्वर्ण अर्थात तत्व ही है और बुद्धि ने उन्हें अलग अलग आभूषणों का नाम दे दिया है। अर्थात जो योनिवर्ग साकार में दिखाई दे रहा है, उसका तत्व निराकार चैतन्य ही है।

सैद्धांतिक पक्ष:
चैतन्य की चेतना ही नाद के रूप में, तरंगों के रूप में सर्वत्र व्याप्त है। यह नाद ही स्मृति के रूप में, चित्त के रूप में, जटिल होता जाता है, जिससे रचनाओं के विकासक्रम की प्रतीति होती है। नाद ही चैतन्य की संभावना के रूप में प्रकट हो, सरल से जटिल हो कर, खनिज से वनस्पति, सरीसृप फिर स्तनपाई जीवों से मनुष्य और उससे आगे की यात्रा कर वापस सरल हो चैतन्य में विलीन होता है।

नाद के अनंत महासागर का कुछ छोटा भाग जो इंद्रियों की पकड में आता है, वही प्रकट रचनाओं के रूप में दिखाई देता है। संभावना नाद के रूप में है, नाद पराभौतिक है। अधिकांश नाद जो नियमबद्ध नहीं है, वह अव्यक्त है और जो नियमबद्ध है, वह व्यक्त है। जैसे अव्यक्त रेडियो तरंगों को जब रेडियो पकड लेता है तो वह व्यक्त हो जाती हैं, इच्छा जब तक मूर्त रूप नहीं लेती तब तक अव्यक्त है, साकार होने पर व्यक्त हो जाती है।

ज्ञानाधिष्ठानं मातृका । १-४ । अर्थ : ज्ञान का आधार माया है।

पिछले सूत्रों में कहा गया कि मैं निराकार चैतन्य हूं, जो ज्ञान से परे है और जगत के अन्य शरीर मेरे ही रूप हैं। तो प्रश्न उपस्थित होता है कि मैं चैतन्य हूं, सभी रूप मेरे हैं तो मुझे इस भेद का ज्ञान क्यों हो रहा है? यह सूत्र उत्तर देता है- इस भेद ज्ञान या प्रतीति का आधार मातृका है।

मातृका इस ज्ञान का कारण कैसे है, इसे दो प्रकार से समझा जा सकता है।

पहला, मातृका अर्थात जननी या देवी! देवी यानि चैतन्य की इच्छा शक्ति। ब्रह्म की इस इच्छाशक्ति को ही ब्रह्म नाद, ओम (ॐ), चित और माया कहा जाता है। माया अर्थात परिवर्तन, परिवर्तन में गति है, वेग है, जिसके कारण कुछ बनता बिगडता प्रतीत होता है, जो कुछ पहले था, अभी बदल गया और आगे समाप्त हो जाता है। माया की इस परिवर्तनशीलता के कारण ही माया को मिथ्या कहा जाता है।

परिवर्तन न हो तो कोई ज्ञान भी नहीं होगा, ज्ञान हमें परिवर्तन का ही होता है। इंद्रियां परिवर्तन का ही अनुभव करती हैं और बुद्धि इन अनुभवों का विश्लेषण करती है। अनुभवों के इस संयोजन को ही ज्ञान कहते हैं। जो भी प्रकट है वह परिवर्तित हो रहा है। जगत, शरीर और मन निरंतर बदल रहे हैं और इन्ही का हमें अनुभव और ज्ञान हो रहा है। आकाश में परिवर्तन नहीं है तो आकाश का ज्ञान नहीं होता केवल आकाश या खाली स्थान में स्थित वस्तुओं का ही ज्ञान होता है।

जैसे समुंद्र में लहरों की प्रतीति का आधार वेग है, वैसे ही साकार की प्रतीति का आधार यह नाद है। जिस प्रकार समुंद्र के वेग का सीधे सीधे भौतिक या मानसिक अनुभव संभव नहीं है, उसे सिर्फ लहरों के रूप में देखा जा सकता है, उसी प्रकार ब्रह्म नाद पराभौतिक परामानसिक है जो कि निरन्तर परिवर्तनशील रचनाओं के रूप में व्यक्त हो रहा है। यही वह क्रियाशक्ति या इच्छाशक्ति है, जो तत्व में ही निहित है और जिससे निराकार में आकारों की प्रतीति होती है।

एक और उपमा से इसे अधिक स्पष्ट रूप से समझा जा सकता है:
एक शिशु का जन्म उसके माता पिता में कामवासना (इच्छा या वेग) की ऊर्जा का

रूपांतरण है, यानि कि अव्यक्त से इच्छाशक्ति नाम रूप में व्यक्त हो गई अर्थात इच्छा जो निराकार थी, साकार में परिवर्तित हो गयी। यहां पर ध्यान देने योग्य बात यह है कि कामवासना मनोशरीर यंत्र में स्वतः प्रकट होती है, अहं बाद में उसका दायित्व ले लेता है।

दूसरा, मातृका अर्थात भाषा या शब्द ! तो सूत्र के अनुसार इस भेद ज्ञान का आधार शब्द हैं। शब्दों के माध्यम से छवियों और विचारों के रूप में ज्ञान स्मृति में संचित होता है और एक आभासीय जगत निर्मित होता है या गढ लिया जाता है। जैसे एक शिशु जो अबोध है, अपने समक्ष उपस्थित किसी अनुभव (आकृति) को बिना भेद किए शुद्ध रूप में देख रहा होता है क्योंकि अभी उसकी बुद्धि विकसित नहीं हुई है जिसके कारण ज्ञान नहीं है। कालांतर में वह उसी आकृति रूपी अनुभव को वृक्ष, आम का वृक्ष, उसकी प्रजाति आदि के रूप में जानेगा। यह ज्ञान उस अनुभव की वास्तविकता का बखान नहीं कर सकता इसीलिए यह आभासीय ज्ञान है। इस ज्ञान से ही अहं, कर्ता और कर्म का जन्म होता है।

यहां पर ध्यान देने योग्य बात यह है कि शब्दों की उत्पत्ति भी नाद अर्थात माया से ही हुई है। इसलिए अंततः इस आभासीय ज्ञान का आधार माया ही है।

व्यावहारिक पक्ष:
यह आभासीय ज्ञान मनुष्य के जीवन के लिए तो आवश्यक है लेकिन इसके द्वारा आत्मस्वरूप का ज्ञान संभव नहीं है। यह शब्द ज्ञान व्यक्ति के जीवन को गहरे तक प्रभावित करता है, वह इस ज्ञान के आभासीय जगत में उलझ कर रह जाता है। शब्द ही उसे प्रतिक्रिया के लिए उकसाते हैं और वह अपनी सहजता खोता जाता है। स्वयं को पाना तभी संभव होता है जब चित्त इस आभासीय ज्ञान से खाली हो जाता है।

उद्‌यमो भैरवः । १-५ । अर्थ : उद्‌यम ही भैरव है ।

पिछले सूत्रों से ज्ञात हुआ कि मैं चैतन्य हूं, देह व मन नाम रूप है, जगत के सभी शरीर व रचनाएं चैतन्य की ही कलाएं हैं और ये नाम रूप माया है अर्थात वास्तव

में हैं नहीं, सिर्फ प्रतीत होते हैं। **अब प्रश्न उपस्थित होता है कि फिर सृष्टि में ये जो उद्यम (प्रयास) चलता प्रतीत हो रहा है, जीव का जीवन के लिए जो संघर्ष है, वह क्या है? ये दिन रात, सर्दी गर्मी, वर्षा, अतिवृष्टि, अकाल आदि संसार का समस्त क्रिया कलाप क्या है?**

यह सूत्र इन्ही प्रश्नों का उत्तर देते हुए कहता है कि यह उद्यम भैरव है। भैरव मतलब सृजन, विकास और विनाश का स्वतः चलने वाला चक्र।

चक्र क्या है?
सृष्टि में जो भी प्रयास दिख रहा है, वह चक्र में चलने वाली क्रियाएं हैं जो स्वतः दुहरती रहती हैं। कुछ सृजित होता दिखता है, थोडा ठहरता है और फिर नष्ट हो जाता है। लीला में परदा उठने, खेल चलने और पर्दा गिरने की तरह। संपूर्णता से लेकर व्यक्तिगत स्तर तक सर्वत्र चक्र ही चल रहे हैं, जैसे बडे स्तर पर सूर्य का उदय होना, दिन भर प्रकाशित रहना फिर अस्त हो जाना और छोटे स्तर पर दैनिक जीवन में जाग्रत, स्वप्न और सुषुप्ति। सृष्टि का उद्भव, विकास और प्रलय, सभ्यताओं व प्रजातियों का जन्म, विकास और नाश, एक फूल का खिलना, थोडी देर रहना और फिर मुरझा कर झड जाना, यह सब चक्र में हो रहा है।

जीव की वृत्तियां भी चक्र ही हैं, जो मनोशरीर यंत्र में चलती दिखती हैं। वृत्ति जो वृत्त में चले, दोहराए जैसे भूख लगना, क्रोध आना, अहम वृत्ति आदि। ये सब चित्त वृत्तियां हैं। प्रत्येक विचार, भावना, इच्छा और संवेदना भी इन्हीं तीन चरणों से होकर गुजरती रहती है और खुद को दोहराती रहती है।

अब ध्यान देने योग्य बात यह है कि ऐसा लगता है कि जो उद्यम का चक्र चल रहा है, कोई इस चक्र को चला रहा है, या व्यक्ति सोचता है कि वह कुछ कर रहा है, पर यह चक्र स्वतः चल रहा है। छोटे से छोटे स्तर से लेकर बडे से बडे स्तर तक सृजन, पालन और संहार का यह उद्यम स्वतः हो रहा है।

अब प्रश्न उठता है कि इस उद्यम में सुख-दुःख आदि क्यों है?

तो व्यक्ति इस लीला को सच मान स्वतः हो रहे उद्यम का उद्यमकर्ता हो गया है, इसी कारण सुख दुःख में है। राग द्वेष जैसी वृत्तियों के प्रभाव में कुछ घटनाएं

या जीव उसे अनुकूल लगते हैं, कुछ प्रतिकूल। अनुकूल को सुख और प्रतिकूल को दुःख के रूप में भोग रहा है। जीव रूप में रहकर यह सब भोगने का चुनाव भी उसका है।

कैसे?

तो ध्यान दें आप ही ब्रह्म हैं, आपकी इच्छा ही मूर्त रूप लेती है, जीव रूप में रहने की इच्छा आपकी ही है, जब तक यह इच्छा बनी रहती है, जीव रूप से मुक्त नहीं हुआ जा सकता। एक व्यक्ति द्वारा उसके जीवन काल में किए गए इच्छित कर्मों के संस्कार उसमें स्मृति रूप में संग्रहित होते हैं और मृत्यु के समय वह उन्ही इच्छाओं, कर्मों और संस्कारों की स्मृति से संबद्ध रह प्राण त्यागता है। अब वही संस्कार इच्छा रूप में प्रकट हो उसके अगले शरीर का निर्धारण करते हैं और यह चक्र चलता रहता है।

सैद्धांतिक पक्ष:

अस्तित्व में अनंत संभावनाएं हैं। वो संभावनाएं प्रकट होती हैं, फैलती हैं और पुनः अस्तित्व में समा जाती हैं। यह चक्र निरंतर चलता रहता है, सृष्टि के उद्भव फैलाव और प्रलय के रूप में।

व्यावहारिक पक्ष:

ठहर कर सोचें और देखें कि सब कुछ स्वतः घट रहा है। प्रकृति में नियम के अनुसार सूर्य का उगना, दिन-रात होना, हवायें चलना, मौसम बदलना स्वतः हो रहा है।आपके शरीर में भी भूख-प्यास का लगना, पाचन, रक्त संचरण सब कुछ स्वतः हो रहा है। लेकिन मनुष्य इन स्वतः हो रही क्रियाओं का दायित्व ले कर्ता हो जाता है और जन्म मृत्यु के चक्र में फंसा रहता है।

✿

शक्तिचक्रसन्धाने विश्वसंहारः। १-६। अर्थ : शक्तिचक्रों से ऊपर उठने पर संसार की समाप्ति है।

पिछले सूत्र में बताया गया कि सृष्टि में सृजन, विकास और विनाश का जो उद्यम स्वतः चल रहा है, व्यक्ति उस उद्यम का स्वयं को कर्ता मान चक्र में फंसा हुआ है। उसने स्वयं ही अपने संसार (विश्व) की रचना कर ली है, जो दुःख का कारण

है। अब वह इस संसार से मुक्ति का उपाय खोज रहा है। यह सूत्र उसके उसी संसार के संहार की बात कर रहा है।

सूत्र कहता है कि शक्तिचक्रों से ऊपर उठकर ही संसार से मुक्त हुआ जा सकता है। तो पहले देखते हैं कि शक्ति चक्र क्या है और व्यक्ति इसमें कैसे फंसा रहता है?

पिछले सूत्र में हमने जाना कि चित्त वृत्तियां चक्र के रूप में स्वयं को दोहराते रहती हैं, इस दुहराव से इनमें शक्ति आ जाती है। जैसे किसी एक दिशा में निरंतर जल के प्रवाह से एक ढाल का निर्माण हो जाता है और जल उसी दिशा में तीव्रता से बह जाता है ठीक उसी तरह वृत्तियां भी एक निश्चित मार्ग पर स्वतः स्वयं को दोहराती रहती हैं। यही वृत्तियों में शक्ति का कारण है। वृत्तियों की यह शक्ति, जीव को इससे अलग हटने या ऊपर उठने नहीं देती, जीव इन्ही वृत्तियों में फंसा रहता है।

इच्छाएं जीव को जीवित रखने के लिए उत्पन्न होती हैं लेकिन मनुष्य जब उन इच्छाओं के लिए ही जीने लगता है, तो चक्र में फंस जाता है। जैसे भक्षण और प्रजनन मूलाधार की वृति है, भोजन की इच्छा जीव के जीवित रहने के लिए उत्पन्न होती है लेकिन मनुष्य इच्छित भोजन के लिए जीने लगता है, कामवासना जो जीवन को आगे बढाने के लिए थी व्यक्ति काम के लिए ही जीने लगता है। इसी प्रकार अन्य चक्रों की वृत्तियां व्यक्ति को उसी वृत में घुमाती रहती हैं और मनुष्य, मनुष्य योनि में ही फंसा रहता है।

वृत्तियों को नियंत्रित कर ऊपर कैसे उठा जाये?
तो ! साक्षीभाव या चेतना में रह कर वृत्तियों को नियंत्रित किया जा सकता है। चेतना तभी जाग्रत होती है जब स्वयं के सत्य स्वरूप का बोध होता है। इसे एक उदाहरण से समझते हैं:

मान लीजिए कोई व्यक्ति सामाजिक वृति में जी रहा है, जिसे सत्य का बोध नहीं है, तो समाज के प्रति योगदान हेतु उसे जो सम्मान प्राप्त होगा, उससे उसमें प्रतिष्ठा को स्थापित रखने की इच्छा और कर्ता का भाव रहेगा। इस लिप्तता से वह इस वृति को शक्ति प्रदान करता रहेगा और इन संस्कारों के कारण वह जन्मो जन्मो तक उसी वृति में फंसा रह सकता है। लेकिन यदि उसे सत्य का बोध हो जाए तो वह मिलने वाले सम्मान आदि को उसके कार्य का स्वतः मिलने वाला परिणाम समझ

उससे निर्लिप्त रहेगा।

जो व्यक्ति "मैं देह व मन हूं", वृत्तियां मेरी हैं, ऐसा मानकर इनसे लिप्त हो जाता था, जब उसे अपने सत्य स्वरूप " चैतन्यमात्मा" मैं चैतन्य हूं, ऐसा बोध होता है, तब उसे पता है कि वृत्तियां स्वतः हैं और वह उनसे लिप्त नहीं होगा। लिप्तता ही वृत्तियों की शक्ति का कारण थी, जब वह वत्तियों से निर्लिप्त हो उन्हे आते जाते जस का तस देखता है तो उन वृत्तियों की शक्ति क्षीण होने लगती है और वह स्वतः नियंत्रित होने लगती हैं। वृत्तियों का नियंत्रित होना ही वृत्तियों से ऊपर उठना है। इस प्रकार इन वृत्तियों को जानकर और इनका साक्षी होकर इनसे अप्रभावित रहा जा सकता है।

❧

जाग्रत्स्वप्नसुषुप्तभेदे तुर्याभोगसंभवः । १-७ । अर्थ : जाग्रत, स्वप्न, सुषुप्ति इन तीनों अवस्थाओं के भेदन से तुर्या या जागरण में रहना संभव है।

पिछले सूत्र में बताया गया कि साक्षी भाव और चेतना का जागरण क्या है। यह सूत्र चेतना की निरंतरता बनाए रखने का उपाय बता रहा है।

सूत्र में कहे गए तुर्याभोग का अर्थ है, चेतना की निरंतरता। और यह तुर्याभोग चित में चल रही तीन अवस्थाओं जाग्रत अवस्था (जागे होना) स्वप्न अवस्था और सुषुप्ति अवस्था (गहरी नींद) के रहस्य को जानकर ही संभव है।

तो पहले इन अवस्थाओं को समझते हैं:
ध्यान से देखेंगे तो पाएंगे कि ये अवस्थाएं चित में चलने वाली वृत्तियों का सामूहिक परिवर्तन हैं और क्यूंकि वृत्तियां एक प्रकार के परिवर्तनशील अनुभव ही हैं इसलिए ये अवस्थाएं भी परिवर्तन मात्र हैं।

अब देखें कि जब तीनों अवस्थाओं का मूल आधार परिवर्तन ही है तो इनमें भेद की प्रतीति क्यूं हो रही है ? अर्थात जीव को जाग्रत सत्य, स्वप्न असत्य और निद्रा में कुछ भी ज्ञान नहीं होने की प्रतीति क्यूं हो रही है?

तो इस भेद की प्रतीति का कारण है : परिवर्तन की गति।

जाग्रत में परिवर्तन धीमा है और अनुभव नियमित हैं, वस्तु व व्यक्ति में बदलाव बहुत धीमा है जिससे यह जगत स्थायी और सत्य प्रतीत होता है।

स्वप्न अवस्था में भी यही जगत रहता है, लेकिन स्वप्न में परिवर्तन तीव्र है, घटनाएं तीव्रता से और अनियमित रूप से बदलती हैं, इस कारण जागते ही स्वप्न असत्य प्रतीत होता है।

सुषुप्ति यानि कि गहरी नींद, वह नींद जिसमें स्वप्न नहीं होते वहां जगत, शरीर और मन का लोप हो जाता है। उस अवस्था में जीव कहां है, उसे यह ज्ञान नहीं रहता। अर्थात इस अवस्था में समय और स्थान का भी लोप हो जाता है। इसका अर्थ यह हुआ कि अन्य अनुभवों की तरह समय और स्थान भी मन और इंद्रियों द्वारा गढ़े हुए हैं, वास्तविक नहीं हैं।

तुर्या में एक साधक इन तीनों अवस्थाओं का साक्षी रहता है, यानि उसकी दृष्टि अवस्थाओं पर नहीं वरन अवस्थाओं का अनुभव करने वाले चैतन्य पर स्थित हो जाती है। इस प्रकार तीनों अवस्थाओं में उसकी चेतना एक समान हो जाती है और अवस्था भेद समाप्त हो जाता है। इसे ही पूर्ण जागरण की अवस्था या तुर्यावस्था भी कहा जाता है।

एक प्रकार से देखा जाए तो जाग्रत, स्वप्न, सुषुप्ति की अवस्था का यह चक्र सत्य तक पहुंचाने के लिए प्रकृति द्वारा की गई एक सुंदर व्यवस्था है। इन तीन अवस्थाओं के भेद से ही जगत के मिथ्यत्व का बोध होता है कि जो जगत सुषुप्ति में था ही नहीं, स्वप्न में असत्य निकला, वही जगने (जाग्रत) में सत्य कैसे हो गया।

"मैं क्या हूं" यह जानने में भी इस अवस्था भेदन की महत्वपूर्ण भूमिका है। जिस तरह जब सुषुप्ति में शरीर और मन नहीं था, स्मृति बीज रूप हो गयी थी, चैतन्य तब भी था, तभी सुबह जगने पर आभास उतरा की नींद बड़ी मीठी थी और जिससे यह स्थापित हुआ कि ये अवस्थाएं आती जाती रहती हैं लेकिन चैतन्य कहीं आता जाता नहीं। ठीक इसी तरह ये नामरूप शरीरादि आते जाते रहते हैं, ये सृजन,

पालन, विनाश का खेल चलता रहता है लेकिन "मैं चैतन्य" कहीं आता जाता नहीं।

"मैं चैतन्य हूं" ऐसा बोध होने से चेतना का जागरण होता है और साधक को इन चक्रों की माया समझ में आने लगती है। इन तीनों अवस्थाओं में चेतना में रहकर वह पूर्ण जागरण को उपलब्ध हो सकता है।

ज्ञानं जाग्रत् । १-८ । अर्थ : ज्ञान जागृति है।

पिछले सूत्र में चित्त में चलने वाली तीन अवस्थाओं, जाग्रत, स्वप्न और सुषुप्ति की तरफ ध्यान आकर्षित किया गया। अब आगे के सूत्रों में बताया गया है कि जिस प्रकार चित्त प्रतिदिन इन तीन अवस्थाओं से होकर गुजरता है, उसी तरह व्यक्तियों में चेतना के आधार पर भी तीन अवस्थाएं देखी जा सकती हैं, जाग्रत यानि जिसे अपने सत्यस्वरूप का ज्ञान हो गया है, स्वप्न यानि जो जीवभाव में जी रहा है और सुषुप्ति यानि जो जड़ता में है।

यह सूत्र चेतना की जाग्रत अवस्था के विषय में बता रहा है। सूत्र कहता है कि ज्ञान जागृति है।

तो देखते हैं कि कौन सा ज्ञान जागृति है? और वास्तविक जागरण क्या है?

गहरी निंद्रा में जीव को कुछ भी ज्ञान नहीं होता कि, वह कौन है या जगत है भी कि नहीं, किंतु जैसे ही वह जागता है उसे ज्ञान होता है कि वह अमुक व्यक्ति है, उसका यह नाम है, ये संबंधी हैं, यह मेरा घर, मेरी वस्तुएं हैं, आदि आदि। पर विचारणीय बात यह है कि ये सब जो ज्ञान हो रहा है, क्या यह सत्य है? क्या वास्तव में वह कोई व्यक्तित्व है? यह संसार जो उसे दिख रहा है क्या ये सत्य है? पिछले सूत्रों की चर्चा से जाना जा चुका है, कि ये सब सत्य नहीं है। यदि ये वास्तविक नहीं है तो फिर ऐसी जाग्रति भी वास्तविक जाग्रति नहीं है।

फिर वास्तव में जाग्रत होना क्या है?
जब व्यक्ति को अपने वास्तविक स्वरूप का बोध हो जाए कि वह शरीर, मन आदि नहीं बल्कि इनको जानने वाला चैतन्य है। जब वह ये जान जाए कि शरीर, मन

व जगत वास्तविक नहीं, इंद्रिय जनित आभास मात्र हैं, तब वह उसकी वास्तविक जागृति है।

दूसरे सूत्र में जिस ज्ञान को बंधन कहा गया है वह भेद से उपजा ज्ञान है और ऐसा ज्ञान शरीर, मन व संसार, जो कि मिथ्या है, के सत्य होने का भ्रम पैदा करता है। अब इस सूत्र में जिस ज्ञान को जागृति कहा जा रहा है वह सत्यस्वरूप का ज्ञान है, यह अभेदता का बोध है, यही शुद्ध ज्ञान या विद्या है।

इस शुद्ध ज्ञान में जीने वाला जान गया है कि अवस्थाओं की तरह ही यह जगत प्रकट होता है, ठहरता है और फिर विलुप्त हो जाता है। शरीर, मन और यह जगत इसी तरह निरंतर बदल रहे हैं, लेकिन मैं अटल रहता हूं, सदा अपरिवर्तित रहता हूं, आता जाता नहीं और मैं इन बदलावों का साक्षी हूं।

चेतना की ऐसी जाग्रत अवस्था में जीने वाले साधक के लिए अब 'मैं' शब्द अर्थहीन है। उसकी वृत्तियां सात्विक* हैं। वह संसार से विरक्त हो अपने पराए के भाव से मुक्त होता है। इस विरक्ति भाव के कारण उससे अनावश्यक कर्मों का त्याग हो जाता है। वह स्वीकारभाव में है, कि सब स्वतः हो रहा है, उसे कुछ बनना या होना नहीं है और वह पहले से ही पूर्ण है।

सात्विक वृत्ति वो है जिसमें मैं मेरा नहीं है, ऐसी वृत्ति में जीने वाला व्यक्ति भेदरहित हो जगत कल्याण के निमित्त जीता है। वह जानता है कि वह कर्ता और भोक्ता नहीं है, सब स्वतः हो रहा है।

৵৽

स्वप्नो विकल्प : । १-९ । अर्थ : स्वप्न में विकल्प या कल्पनाएं है।

यह सूत्र चेतना की एक दूसरी अवस्था, जिसमें व्यक्ति संसार को ही सत्य मानकर अर्थात जीव भाव में जीता है, के विषय में बता रहा है। ऐसे व्यक्ति में बुद्धि का विकास तो हो गया है, वह विचारवान है, तार्किक है किंतु माया के ज्ञान तक ही सीमित है, उसका चित्त बहिर्मुखी है। उसकी सांसारिक बुद्धि स्वयं की खोज पर केंद्रित न होकर संसार पर केंद्रित है।

सूत्र में कहे गए "स्वप्नो विकल्पः" में समझने योग्य बात यह है कि संसार विचारों और कल्पनाओं से गढ़े एक स्वप्न की भांति है। यह एक सामूहिक स्वप्न है।

पिछले सूत्रों से यह स्पष्ट है कि यथार्थ में कोई रचना हुई नहीं है, होने की प्रतीति मात्र है। जगत चैतन्य की ही कलाएं है, जिनमें अवस्थाओं की भांति सृजन, स्थिति, और संहार का चक्र चल रहा है, जाग्रत में परिवर्तन धीमा होने से यह सत्य भासता है।

तो जिस व्यक्ति की दृष्टि संसार पर केंद्रित है, वह स्वप्न में जी रहा है। जिस प्रकार स्वप्न में सब रचता, होता हुआ, दिखता है लेकिन वास्तव में होता कुछ नहीं है, उसी प्रकार ऐसा व्यक्ति संसार में चाहे कुछ भी रच ले, कुछ भी हो जाए, कल्पना में ही होगा, यथार्थ में नहीं। ऐसे व्यक्ति के समक्ष भी सत्य उपस्थित है, वह भी देख रहा है कि सब नाशवान है, अस्थायी है, फिर भी उसकी दृष्टि वास्तविकता के विपरीत है, वह कल्पना में जी रहा है और चित वृतियों के वशीभूत हो कर्म कर रहा है।

जैसे स्वप्न में कुछ भी होने की संभावनाएं होती हैं अर्थात अनेक विकल्प होते हैं वैसे ही यह जगत ब्रह्म के संकल्प से ब्रह्म की संभावना के रूप में प्रकट है। यानि कि यह जगत ब्रह्म का स्वप्न है। व्यक्ति (नामरूप) ब्रह्म के इस स्वप्न (जगत) में स्वयं एक विकल्प मात्र है। और इस स्वप्न को सत्य मान कर वह अपना संसार रचने लगता है यानि स्वप्न में अपने स्वप्न की रचना करने लगता है। वह यह भूल गया है कि मैं चैतन्य हूं और यह जो भी प्रकट है, मेरा ही विकल्प है।

ऐसा व्यक्ति अद्र्धचेतना में है, वह अभी जो है आगे उससे कुछ भिन्न होना चाहता है। उसका यह चाहना संकल्प है और अब वह अपने संकल्प से इन विकल्पों में फंसा हुआ है। इस अद्र्धचेतना में जीने वाले की वृतियां राजसिक* हैं, वह माया में स्वयं की वृद्धि में रत है। वह इस भ्रम में जी रहा है कि वह कर रहा है तब हो रहा है यानि कर्ताभाव में है। जन्मों जन्मों से वह कुछ बनने के प्रयास में है पर वास्तव में कुछ बन सकता नहीं है क्योंकि स्वप्न में बहुत कुछ पाने पर भी जागने पर पता चलता है कि कुछ भी नहीं पाया गया।

----

*राजसिक वृति वो है जिसमें व्यक्ति "मैं कर रहा हूं" इस भाव से अपने अलावा

समाज और राष्ट्र के लिए बहुत कुछ करता हुआ दिखाई देता है। वह जीवन को सुखमय बनाने के लिए विकल्पों का चुनाव करता है और उसके लिए विभिन्न उद्यम करता है।

अविवेको माया सौषुप्तम् । १-१० । अर्थ : माया जनित अज्ञान सुषुप्ति है।

चेतना की तीन अवस्थाओं में से पहली उच्च अवस्था है, ऐसा व्यक्ति आत्मभाव में, सत्य में जी रहा है। दूसरी अवस्था का व्यक्ति बुद्धिमान, विचारशील व तार्किक है किंतु जीवभाव में है, व्यावहारिक सत्य में जी रहा है। तीसरी अवस्था का व्यक्ति भी जीवभाव में है लेकिन उसकी बुद्धि या तो पूरी तरह अशुद्ध होती है या फिर उसका समुचित विकास नहीं हुआ होता, इसलिए उसका जीवन पशुवत होता है।

सूत्र कहता है कि ऐसा व्यक्ति माया जनित अज्ञान के पूर्ण अंधकार में है, वह सदैव सोया हुआ ही है। वह मनुष्य जैसा दिखता अवश्य है लेकिन उसकी वृत्तियां पशुवत होती हैं। उसमें यदि बुद्धि का अधिक विकास नहीं हुआ है(जैसे आदिवासी आदि) तो वह केवल रक्षण, भक्षण और प्रजनन की वृत्तियों में फंसे रह अपने जीवन को व्यतीत करता है और यदि बुद्धि विकसित तो हुई है परंतु पूर्णतया अशुद्ध है तो वह अविवेकपूर्ण कार्यों में लिप्त होता है।

इस प्रकार का व्यक्ति तमस में है, तामसिक* वृत्तियों से ऊपर नहीं उठ पाया है, विवेकहीन है इसलिए इसे पूर्ण अज्ञानी कहा जा रहा है।

----

*तामसिक वृत्ति वह है जिसमें व्यक्ति का अपना स्वार्थ ही महत्पूर्ण होता है और वह अपनी इच्छापूर्ति के लिए हिंसा का मार्ग चुनने से भी नहीं हिचकता। उसे किसी की भी परवाह नहीं होती, वह केवल अपने लिए जीता है। ऐसा व्यक्ति अपने लक्ष्य प्राप्ति के प्रति प्रयत्नशील और आक्रामक भी हो सकता है या पूरी तरह अकर्मण्य और आलसी भी।

त्रितयभोक्ता वीरेश : । १-११ । अर्थ : तीनों अवस्थाओं से ऊपर जो स्थित है, वह महावीर है।

पिछले सूत्रों में हमने चित की तीन अवस्थाओं और चेतना की तीन अवस्थाओं की बात की और यह जाना कि, चेतना की अवस्था के अनुसार व्यक्ति सात्विक, राजसिक और तामसिक वृत्तियों में जीता है। अब यह सूत्र चेतना की एक ऐसी अवस्था के विषय में बता रहा है जिसे अवस्था कहना भी सही प्रतीत नहीं होता क्योंकि वह सभी अवस्थाओं से परे ब्रह्मभाव की स्थिति है।

ब्रह्म भाव में स्थिति क्या है?

तो पहले आत्मभाव में स्थिति को जानते हैं: स्वयं को देह व मन मान उसी स्मृति के संस्कारो में, जीव भाव में, जीने वाले व्यक्ति को जब यह ज्ञान होता है कि मैं देह व मन और देह व मन में चलने वाली वृत्तियों से भिन्न इन सब को जानने वाला चैतन्य हूं, देह व मन नाशवान है और मेरा कभी नाश नहीं होता, इस बोध से उसके अहम का केंद्र "मैं शरीर व मन हूं" से हट "मैं चैतन्य हूं" पर स्थित हो जाता है और स्वयं को जगत का साक्षी जानता है।

"मैं चैतन्य हूं" में अभी 'मैं' शेष है, फिर वह पाता है कि जो उसका तत्व है, वही तत्व सभी का है, तत्व से भिन्न कुछ भी नहीं है। इस बोध के उतरने से जब वह सर्वत्र स्वयं के ही दर्शन करता है, यानि कि जिस देह, मन व जगत को दृश्य जान स्वयं को उनका दृष्टा जानता था, अब इस बोध में होता है कि दृष्टा और दृश्य दो नहीं हैं, तब यह स्थिति ब्रह्मभाव की स्थिति है।

इस सूत्र में, ब्रह्म भाव में स्थित ऐसे साधक को वीरेश कहा गया है। उसकी चेतना का विस्तार हो गया है, अब वह सभी में स्वयं को ही देख रहा है। संसार से स्वयं को ऊपर उठाने का पराक्रम दिखाने वाला यदि वीर है, तो जो सभी का हो जाता है, सभी में स्वयं को ही पाता है, ऐसा प्रेम में स्थित महावीर है। ऐसा साधक चित की तीनो अवस्थाओं में जागा हुआ है, जगत को स्वप्नवत देख रहा है।

तीनों अवस्थाओं में जागने से तात्पर्य है कि उसकी चेतना तीनों अवस्थाओं में एक समान है, वह तुर्या में है। इंद्रियों द्वारा गढे गए जगत की मिथ्या का भान होने के

कारण अब उसके लिए अवस्थाओं का भेद समाप्त हो गया है।अब वह सत्व, रजस और तमस से ऊपर उठ चुका है, उसकी सभी वृत्तियां नियंत्रित हैं, वह समभाव में स्थित है।

೮೨

विस्मयो योगभूमिका । १-१२ । अर्थ : विस्मय या आश्चर्यबोध योग की पृष्ठभूमि यानि भूमिका है।

पिछले सूत्र में हमने जाना कि सभी अवस्थाओं से ऊपर उठ चुके साधक की स्थिति ब्रह्मभाव की है। इस योग के घटित होने में उसे बोध होता है कि, ज्ञान-अज्ञान, सत-रज-तम, आदि सभी गुण मुझ चैतन्य से भिन्न नहीं हैं। अब इस स्थिति में चूंकि साधक स्वयं से भिन्न कुछ भी नहीं पाता है, दूसरा कोई है ही नहीं, तो जिज्ञासा उठनी स्वाभाविक है कि वह किस भाव दशा में जी रहा है? किस बोध में है?

यह सूत्र इसी जिज्ञासा का समाधान करते हुए कहता है कि किसी विभाजन के शेष न होने से, इस एकाकारता की पृष्ठभूमि में वह केवल विस्मय बोध में है। यह विस्मय बोध ही उसकी साधना है।

अब विस्मय बोध क्या है और कैसे है? यह जानने के पहले अज्ञेयता को समझना होगा क्यूंकि विस्मय बोध का कारण अज्ञेयता है जो कि ज्ञान अज्ञान से परे की स्थिति है।

तो पहले अज्ञेयता क्या है? यह जानते हैं:
ज्ञान के तीन प्रकार हैं, ज्ञात, अज्ञात और अज्ञेय। ज्ञात जो जान लिया गया है, अज्ञात जो जाना नहीं गया है किंतु जान लिया जाएगा और अज्ञेय, वह जिसे जाना नहीं जा सकता। सत्य की खोज में निकला एक जिज्ञासु अंत में यही पाता है कि जो जाना गया वह मन बुद्धि से ही जाना गया जो कि स्वयं माया है, जो भी जाना गया वह परिवर्तन है। परिवर्तन की वजह से नाशवान है। जो अपरिवर्तित है, स्थायी है, वह तो मन बुद्धि के परे है। इस प्रकार ज्ञान केवल माया का हो सकता है, बुद्धि ब्रह्म को नहीं जान सकती। ऐसा बोध ही अज्ञेयता है।

इस अज्ञेयता में अब वह जगत को विस्मय की दृष्टि से देखता है, जैसे एक शिशु विस्मय से भरा हुआ जगत को अचरज भरी दृष्टि से निहारता रहता है। एक शिशु विस्मय में होता है आश्चर्य में होता है क्योंकि उसमें अबोधता है, उसमें न ज्ञान है और न ही अज्ञान। एक योगी जानने के बाद विस्मयबोध में होता है क्योंकि वह जान चुका होता है कि कुछ नहीं जाना जा सकता केवल हुआ जा सकता है। शिशु अबोधता में, अनजाने ही अस्तित्व से एकाकार होता है और जो अज्ञेयता में स्थित है उसके लिए कुछ जानना शेष नहीं रह जाता इसलिए वह अस्तित्व से एकाकार होता है।

ऐसा साधक जगत को जस का तस देखता है, वह उससे लय होता है, यही विस्मय बोध है, जो योग की पृष्ठभूमि यानि भूमिका है।

॰ॐॐ

इच्छाशक्तिरुमा कुमारी । १-१३ । अर्थ : इच्छा शक्ति उमा कुमारी है।

पिछले सूत्र में बताया गया कि साधक अज्ञेयता में होने से विस्मय बोध में है। विस्मयबोध में रह वह संसार को अभेदता की दृष्टि से देख रहा है, यही उसकी साधना है। वह सभी सात्विक, राजसिक और तामसिक वृतियों से ऊपर उठ चुका है। तो अब प्रश्न होगा कि उसकी इच्छा किस प्रकार की होती है? उससे कर्म कैसे होते हैं?

सूत्र कहता है कि उसकी इच्छाशक्ति उमा कुमारी है। इच्छाशक्ति को उमा कुमारी कहने का आशय क्या है?

तो वैसी इच्छा, जो शिव में विलीन हो जाना चाहती हो, शिव की शक्ति जो कि इच्छा है, वह शिव से मिल शिव ही हो जाना चाहती हो। ब्रह्मभाव में स्थित साधक अब इस बोध में है कि माया और ब्रह्म दो नहीं है और जिस तरह कुमारी उमा का जीवनसंकल्प शिव को प्राप्त करना था, उसी तरह ऐसे साधक का संकल्प भी शिवत्व में विलीन होना है।

शिवत्व क्या है? जो शून्य व पूर्ण है, शव समान है, प्रयासहीन है।

संसारी के संकल्प विकल्पों के लिए हैं, वह कर्ता है, उसके कर्म हैं, विकल्पों के लिए उसके जतन हैं, प्रयास है। जबकि ऐसा साधक शून्यता की ओर गतिशील है, वह प्रयासहीन है, वह कुछ होना नहीं चाहता है, उसमें यह स्वीकारभाव है कि "जो है सो है"। इस प्रयासहीनता से उसकी इच्छा स्वतः साकार रूप ले लेती है।

जीव के जीवित रहने के लिए मनोशरीर यंत्र के माध्यम से कर्म स्वतः होते हैं, संसारी उसका भी दायित्व ले लेता है। ऐसा साधक अकर्म की स्थिति में है, उसकी कोई भी व्यक्तिगत इच्छा नहीं है। यदि प्रकृति में सहायक कोई इच्छा उत्पन्न होती है तो वह इच्छा स्वतः पूर्ण होती है।

इच्छा से ही जीवन का निर्धारण होता है । जीव में जैसी इच्छा उत्पन्न होती है, वैसे ही उसके द्वारा कर्म होते है और तदनुसार उसका जीवन गढता चला जाता है । इच्छा ही मूर्त रूप में प्रकट होती है । जीव अपनी इच्छा से ही जन्म मृत्यु के चक्र बंधा रहता है और इच्छाशक्ति से ही वह बंधनमुक्ति के लिए, मोक्ष के लिए प्रयासरत होता है ।

जीव की इच्छा सीमित के लिए होती है, व्यक्तिनिष्ठ होती है तो उसके संकल्प का प्रभाव भी सीमित व क्षीण होता है अतः वह तत्काल मूर्त रूप में प्रकट नहीं होता । तत्वबोध में स्थित योगी या ज्ञानी की इच्छाशक्ति असीमित में प्रभाव पैदा करती है क्योंकि उसकी कोई भी इच्छा व्यक्तिनिष्ठ नहीं होती । उसका संकल्प भी बडा होता है और उसके संकल्प की शक्ति भी ।

♋

दृश्य शरीरम् । १-१४ । अर्थ : शरीर दृश्य है।

पिछले सूत्रों में हमने जाना कि ब्रह्मभाव में स्थित साधक अस्तित्व से एकाकार है, अब उसे जगत में किसी भेद का दर्शन नहीं हो रहा है। वह विस्मय बोध में है तो प्रश्न उठता है कि वह स्वयं के शरीर के प्रति किस बोध में है? उसे कैसे जान रहा है?

सूत्र उत्तर देता है: दृश्यं शरीरम् अर्थात शरीर को दृश्य की तरह जान रहा है।

एक सामान्य व्यक्ति के लिए जगत के अन्य शरीर और घटनाएं दृश्य की तरह होते हैं और स्वयं का शरीर और मन दृश्य नहीं होता क्योंकि मान्यता होती है कि यह शरीर और मन ही दृश्यों को देख रहा है परंतु ऐसा ब्रह्मभाव में स्थित साधक गहराई से इस बोध में है कि शरीर या मन दृश्यों को नहीं देख रहा बल्कि देखने वाला (दृष्टा) इस मनोशरीर के माध्यम से इन्हे देख रहा है, देखने वाले के प्रकाश के बिना देखना संभव नहीं है। और यह दृष्टा वह स्वयं ही है इसलिए उसका शरीर और मन भी उसे दृश्य की भांति दिखता है। वह निर्विकल्प अवस्था में है, जिसमें यह बोध होता है कि शरीर और मन से पृथक, वह सिर्फ जानने वाला है अतः शरीर और मन के अंदर चलने वाली प्रत्येक वृति जैसे संवेदनाएं, भावनाएं, इच्छाएं विचार आदि उसे दृश्य की भांति दिखते हैं।

जब शरीर और मन दृश्य हैं तो वह न सिर्फ शरीर और मानसिक वृतियों से बल्कि इनसे संबंधित प्रत्येक वस्तु और व्यक्ति से भी निर्लिप्त हो जाता है।

౧ ౨

हृदये चित्तसंघट्टाद् दृश्य स्वापदर्शनम् । १-१५ । अर्थ : हृदय में चित्त के समाहित होने से दृश्य जगत स्वप्नवत हो जाता है ।

पिछले सूत्र में कहा गया कि वह न सिर्फ स्वयं के शरीर और मन के प्रति बल्कि संपूर्ण संसार के प्रति निर्लिप्त है, अनासक्त है। तो प्रश्न उठता है कि फिर जगत को वह किस भाव से देखता है? क्या वह जगत के प्रति संवेदनशील नहीं है? इसका उत्तर देते हुए यह सूत्र कहता है कि निर्लिप्त होते हुए भी वह प्रेमपूर्ण है। उसका चित्त हृदय यानि प्रेम (एकत्व) में स्थित हो गया है इसलिए वह प्रत्येक अनुभव में स्वयं के ही दर्शन करता है। उसका मैं, व्यक्तिगत शरीर तक सीमित न होकर संपूर्ण दृश्य जगत तक विस्तारित हो जाता है अर्थात उसे बोध होता है कि जगत उसी के होने का ढंग है।

ऐसा साधक एकत्व के कारण जगत में हो रही घटनाओं के प्रति वैसे ही संवेदनशील होता है जैसे एक व्यक्ति अपने शरीर और मन में होने वाली संवेदनाओं जैसे भूख, दर्द आदि की अनुभूति करता है।

संवेदनशीलता कैसे और क्यों बढ़ जाती है?

चित्त परतों में विकसित होता है, विकासक्रम में जीव को निचली परतों की अनुभूतियां कम होती जाती हैं और वह ऊपरी परतों पर विकसित होता जाता है यानि चेतना का स्तर बढते जाने से ऊपरी परतों की इंद्रियां (सूक्ष्मेंद्रियां) सक्रिय होती जाती है। एक सामान्य व्यक्ति की अनुभूति, स्थूल तथा मानसिक इंद्रियों तक सीमित है क्योंकि चेतना जागृत नहीं है। वह स्वयं को शरीर माने बैठा हुआ है और यांत्रिक जीवन जी रहा है।

ब्रहम भाव में स्थित साधक की चेतना इतनी विस्तृत है कि वह सूक्ष्म इंद्रियों के माध्यम से असीमित अनुभव लेने में सक्षम होता है। इसे ही अतीन्द्रिय शक्ति का विकसित होना भी कहा जाता है। इस प्रकार उसकी संवेदनशीलता बढ़ जाती है।

अब देखें कि चित्त का हृदय में विलय होना क्या है व कैसे होता है?

हृदय अर्थात प्रेम या एकत्व जो कि मेरा सत्यस्वरूप है। चित्त का एकत्व में लय होना ही हृदय में विलय होना है। ज्ञान अज्ञान में व्यक्ति, मन यानि चित्त के केंद्र से संचालित होता है, विचारों से संचालित होता है, जिसमें व्यैक्तिक अहम है। जिसका चित्त एकत्व में स्थित है, वह हृदय तल पर जी रहा है, विचारों से मुक्त, ज्ञान अज्ञान से परे वह शांति और मौन में स्थित है।

चित्त एक दर्पण की तरह है, धूल युक्त चित्त में अंधकार है, अज्ञान है, भेदवृति है । भेदवृति अर्थात वह अनुभवों को न सिर्फ सत्य समझता है वरन उन्हे अच्छे- बुरे, गलत -सही, सुंदर- कुरूप, नैतिक- अनैतिक के खांचे में भी डालता है और इस तरह एक आभासी जगत निर्मित कर लेता है । ऐसा चित्त अज्ञान युक्त है।

जैसे जैसे इस अज्ञान का नाश होता है, चित्त उन छवियों से मुक्त होने लगता है और अनुभवों में भेद दृष्टि समाप्त होने लगती है। बुद्धि ! जो अब तक भेद कर रही थी, वह अब शुद्ध होकर प्रज्ञा में बदल जाती है। बुद्धि के समर्पित होते ही अब सिर्फ स्वयं का सत्य स्वरूप बचता है, यानि प्रेम या एकत्व। यही चित्त का हृदय में विलय होना है।

आगे सूत्र कहता है कि चित्त के हृदय में विलय होने से दृश्य जगत स्वप्नवत हो जाता है। जगत के स्वप्नवत होने से तात्पर्य है कि वह जगत को अपने

ही छायाचित्र की भांति देख रहा है क्योंकि एकत्व में स्थित होने से उसे किसी विभाजन का दर्शन नहीं होता। उसकी दृष्टि नैसर्गिक हो जाती है, जैसे दर्पण में दृश्य जस का तस उभरता है वैसे ही उसकी दृष्टि में जगत चित्र सा उभरता है और उसे वह स्वप्नवत प्रतीत होता है।

उसके लिए जागृत अवस्था भी स्वप्न के जैसे ही अर्थहीन हो जाती है। अब कैसा भी अनुभव हो वह उसे आनंदित हो देखता है क्योंकि उसका हृदय प्रेम से भरा हुआ है ।

व्यावहारिक पक्ष:

आध्यात्मिक प्रगति का मायने संवेदनशीलता खो जाना नहीं है। जगत व मानसिक घटनाओं से प्रभावित होना और उनके प्रति संवेदनशील होना अलग अलग बातें हैं। आध्यात्मिक विकास के साथ संवेदनशीलता बढ़ती है न कि कम होती है फिर भी साधक प्रभावित नहीं होता अर्थात प्रभाव में आकर वाणी या कर्मेंद्रियों से कोई कर्म नहीं करता।

୧ ୬

शुद्धतत्त्वानुसंधानाद्व अपशुशक्ति : । १-१६ । अर्थ : शुद्ध तत्व (शिवत्व) में लय होने से आत्मबल का उदय।

प्रश्न उठता है कि ऐसा साधक जो भौतिक शरीर की सीमाओं से पार जा चुका है उसकी शक्ति कैसी है? तो ऐसे साधक की शक्ति का मानदंड शारीरिक बल नहीं, उसका आत्मबल होता है। शुद्ध तत्व या शिवत्व में स्थित होने कारण उसकी शक्ति असीमित है।

जैसा कि पिछले सूत्रों से स्पष्ट है कि व्यक्ति चैतन्य के ही होने का ढंग है, परंतु उसे ये भ्रम हो गया है कि वह संपूर्णता से अलग कोई सीमित जीव है। यही मान्यता व्यवहार में भी दिखाई देती है और व्यक्ति अपने आप को असीमित होते हुए भी सीमित मानकर जीता है। वह स्वयं को सिर्फ शारीरिक शक्ति और बौद्धिक शक्ति का स्वामी जानता है , उससे आगे की कल्पना भी नहीं कर पाता। पशु की तरह अपने आप को बंधा हुआ पाता है। परन्तु अपना वास्तविक स्वरूप जान लेने पर, जैसा कि शिवत्व में स्थित साधक की स्थिति है, उसका आत्मबल असीमित हो

जाता है।

सूत्र में कहे गए अपशुशक्ति से तात्पर्य है : प्रकाशित ज्ञान का, चेतना का बल जबकि पशुशक्ति शारीरिक बल है। चेतना का यह बल या आत्मबल साधक की वाणी, उसके क्रियाकलापों और उसकी उपस्थिति मात्र से परिलक्षित होता है और वह संपूर्ण जगत में प्रभाव पैदा करता है।

☙

वितर्क आत्मज्ञानम् । १-१७ । अर्थ : आत्मज्ञान तर्क से परे वितर्क है।

पिछले सूत्र में बताया गया कि शुद्ध तत्व में स्थिति से साधक की शक्ति अब सीमित न रही, उसकी शक्ति प्रकाशित ज्ञान की शक्ति है।तो अब जिज्ञासा उठती है कि यह कौनसा ज्ञान है? वह किस ज्ञान में है?

सूत्र उत्तर देता है :उसका ज्ञान तर्क से परे है, वहां केवल स्वयं का होना है। वह कोई प्रश्न प्रतिप्रश्न नहीं करता, उसकी आंतरिक स्थिति मौन की है। ऐसा साधक आत्मज्ञान यानि स्वयं के होने में स्थित है और सूत्र कहता है यह स्व का ज्ञान तर्क से परे है, वितर्क है यानी बुद्धि का समर्पण है।

कैसे?

एक जिज्ञासु साधक जब "मैं क्या हूं" के मूल प्रश्न के साथ स्वयं की खोज में अग्रसर होता है तो वह क्या, कहां, कब, क्यों, कैसे, कौन, कितना आदि प्रश्नो पर विचार करता है । जिस विचार प्रक्रिया से यह प्रश्न उठे थे, उत्तर भी उसी विचार प्रक्रिया के भाग होते हैं यानि कि विचार ही होते हैं । जैसे पेड की ओर इशारा कर कोई पूछे कि यह क्या है ? तो उत्तर आएगा कि पेड है, लेकिन यह पेड है, ये कहीं से जाना गया था जो कि एक विचार है। इसी तरह पेड से संबंधित जो भी जानकारी आएगी वो मात्र विचार होंगे, वास्तव में पेड क्या है, क्यों है, कैसे है इसका कोई उत्तर नहीं आएगा ।

क्योंकि जो भी जाना जाएगा वो बुद्धि के अन्तर्गत ही, बुद्धि की सीमा में ही जाना जाएगा, और बुद्धि स्वयं एक अनुभव(दृश्य) है, ठीक वैसे ही जैसे कि पेड़। एक

दृश्य (बुद्धि) दूसरे दृश्य (पेड़) का सिर्फ विश्लेषण कर रहा है, वास्तविकता नहीं बता रहा।इन दोनों दृश्यों का मैं (दृष्टा या आत्मन) अनुभव करता हूं। दृष्टा दृश्य नहीं हो सकता यानी दृष्टा का अनुभव नहीं हो सकता। दृश्य दृष्टा को नहीं जान सकता।

अतः तर्क के द्वारा केवल यह जाना जा सकता है कि मैं क्या नहीं हूं । तर्क आत्मज्ञान का साधन तो है किंतु आत्मज्ञान या स्व का ज्ञान तर्क से परे है, 'होना' मात्र है! तर्क से, विचार से, स्मृति से परे केवल उपस्थिति !

☙

लोकानन्दः समाधिसुखम् । १-१८ । अर्थ : सर्वव्याप्ति का भाव ही समाधिसुख है।

पिछले सूत्र में बताया गया कि ऐसे साधक की आंतरिक स्थिति मौन की है अर्थात समाधि की है जहां स्वयं का होना मात्र है। तो अगला प्रश्न उठता है कि ऐसी समाधि की स्थिति में उसका सुख क्या है? यह सूत्र उत्तर देते हुए कहता है: ऐसी समाधि की स्थिति का सुख लोकानंद अर्थात सर्वव्याप्ति का भाव है।

सुख व्यक्तिनिष्ठ होता है और आनंद अव्यैक्तिक। ऐसा साधक व्यक्तिनिष्ठता से ऊपर उठ सर्वव्याप्ति के भाव में जी रहा है इसलिए उसके सुख को आनंद कहा गया है।

यहां पर आनंद और सुख में अंतर समझना महत्वपूर्ण है। सुख और दुःख द्वैत की उपज हैं। सुख, दुःख का अभाव है और दुःख, सुख का अभाव है। ये चक्रीय रूप से बदलते रहते हैं, स्वयं को दोहराते रहते हैं। जबकि आनंद, अभाव या परिवर्तन से नहीं, भेद या द्वैत से नहीं, एकत्व से उपजता है। एकत्व अपरिवर्तनीय है, स्थायी है। आनंद का कोई विपरीत शब्द नहीं होता, यह वह स्थिति है जहां न सुख है न दुःख है, केवल परम शांति है। ऐसा आनंद समाधि में ही संभव है।

कैसे?
समाधि अर्थात बुद्धि का सम हो जाना। बुद्धि की समता से चित्त एकत्व में लय होता है, जिससे दूसरे का भेद समाप्त होता है और स्वभाव (सच्चिदानंद) में

स्थिति होती है। स्व में स्थिति से ही आनंद घटित होता है, यही लोकानंद है।

लोकानंद के भाव में जो स्थित है, वह जगत के हर दृश्य में स्वयं को ही देख रहा है, वह उसके रस में डूबा हुआ है क्योंकि सभी कुछ उसी आनंद से ही उत्पन्न है। वह स्वयं में ही सर्वस्व की अनुभूति करता हुआ चैतन्य में स्थित है। चैतन्य सत, चित, आनंद है, सच्चिदानंद है और यही उसका स्वभाव है।

☙

शक्तिसन्धाने शरीरोत्पत्तिः ।१-१९। अर्थ : इच्छाशक्ति या संकल्प से शरीर धारण।

पिछले सूत्रों में ऐसे साधक की अवस्था से यह जिज्ञासा उठती है कि, जब उसका व्यक्तिगत अहम विस्तारित हो चुका है, उसकी कोई व्यक्तिगत इच्छा नहीं है तो उसका विस्तारित अहम कैसे और किस शरीर को धारण करेगा? करेगा या नहीं करेगा?

सूत्र कहता है कि, व्यक्तिगत चेतना से ऊपर उठ चुका सिद्धपुरुष जन्म- मरण के चक्र से ऊपर उठ जाता है। वह अपनी इच्छानुसार जन्म ले स्थूल शरीर में आ सकता है, सूक्ष्म शरीर में रह सकता है या स्वयं का विलय कर सकता है क्योंकि अब वह इच्छा के नियंत्रण में नहीं, इच्छा उसके नियंत्रण में है। प्रकृति अब उसकी इच्छाशक्ति या संकल्प के अनुकूल हो गई है।

एक सामान्य व्यक्ति देहभाव से ग्रसित हो व्यक्तिगत चेतना में है और मैं मेरा में फंसा हुआ है। वह उन्ही मैं मेरा की इच्छाओं, वासनाओं से संचालित हो रहा है इसलिए जन्म मृत्यु के चक्र में फंसा रहता है। उसका जन्म उसकी इच्छाओं वासनाओं के अनुरूप स्वतः होता रहता है उसमें उसका कोई नियंत्रण नहीं होता।

भवतृष्णा यानि मैं बना रहूं ये भाव बार बार जन्म का कारण है। देह भाव से ग्रसित मनुष्य को अंतिम समय में देह के छूटने और जो भी मेरा और मेरे हैं उनके छूटने का भाव रहता है, उसमें अतृप्ति का भाव रहता है। वह अतृप्ति ही भवतृष्णा को बल देती है और वह पुनः पुनः आता रहता है।

एक योगी की व्यक्तिगत चेतना का विलय समष्टि चेतना में हो जाता है, वह देहभाव से और अपने पराए के भाव से ऊपर उठ जाता है इसलिए वह इस जन्म मरण के चक्र से भी ऊपर उठ जाता है। अब जन्म या शरीर धारण उसके नियंत्रण में होता है। कहां जन्म लेना है, कब जन्म लेना है, लेना है या नहीं लेना है, स्थूल जगत में लेना है या सूक्ष्म जगत में रहना है यह सब उसके नियंत्रण में होता है।

৩

भूतसन्धान भूतपृथक्त्व विश्वसंघट्टाः । १-२० । अर्थ : धरा के उत्कर्ष हेतु भौतिक से पृथक रह वह विश्व संघर्ष में होता है।

पिछले सूत्र में बताया गया कि ऐसा साधक शरीर धारण हेतु स्वतंत्र है, वह भौतिक शरीर में, साकार में, आ सकता है या निराकार में विलीन हो सकता है। प्रश्न उठता है कि, उसके अवतरण का हेतु क्या है? वह साकार में क्यों आना चाहेगा?

सूत्र कहता है कि वह भौतिक जगत के उत्कर्ष के लिए, जगत कल्याण के हेतु अवतरित होता है। वह माया में रहते हुए भी माया से पृथक रह माया के लिए कार्य करता है। वह सीमाओं में बंधा नहीं होता, उसकी सीमाएं अनंत होती हैं क्योंकि वह विश्वचित्त या विश्वरूप होता है।

धरती में समय-समय पर ऐसे महापुरुषों का अवतरण होता रहता है जिन्हे अवतार कहा जाता है। प्रेम और करुणा के वशीभूत ये आरोहण (संपूर्ण विलय) के बजाय अवतरण को चुनते हैं, ताकि इस संघर्षरत विश्व में आकर अज्ञान जनित निद्रा से मानवता को जगाने का कार्य कर सकें।

৩

शुद्धविद्योदयाच्चक्रेशत्व सिद्धिः । १-२१ । अर्थ : संपूर्ण चेतना में स्थित होने से चक्र से परे हो जाता है।

सूत्र कहता है कि ऐसा अवधूत जिसमें शुद्ध विद्या का उदय हो गया है अर्थात् चेतना संपूर्ण रूप से विकसित हो गई है, वह सृष्टि चक्र से ऊपर उठ जाता है। सृजन और विनाश का चक्र ही सृष्टि चक्र है और उससे ऊपर उठने को ही चक्रेशत्व सिद्धि

कहा गया है।

चक्र से परे, होना क्या है?

अहं ही चैतन्य से पृथकता का कारण है, जब विस्तारित अहं का केंद्र भी विसर्जित हो जाता है, तब उसका अस्तित्व में ही विलय हो जाता है। अहं के विलय हो जाने से वह सृष्टि के सृजन और विनाश के चक्र से स्वतः ही बाहर हो जाता है।

महाह्रदानुसन्धानान्मन्त्रवीर्यानुभवः । १-२२ । अर्थ : महासागर के आयोजन की भांति स्वयं की रचना शक्ति को दोहराता अनुभव करता है।

विलय के उपरांत वह चैतन्य अब चेतना का महासागर है, जो स्वयं के ही आयोजन को दोहराता, अनुभव करता रहता है।

स्वयं का आयोजन क्या है?

जो चैतन्य या ब्रह्म है, उसके होने का ढंग नाद है, जिसे ब्रह्मनाद कहते हैं। यह ब्रह्मनाद ही ओंकार (अ , उ, म) है जो त्रिविध (सृजन, पालन और विनाश) है। इसी को माया या विश्वचित्त कहा जाता है।

विश्वचित्त नाद का महासागर है, नाद ही रचनाओ और वृत्तियों के रूप में साकार रूप में प्रकट है। रचनाओं, वृत्तियों आदि के रूप में जो सृष्टि की प्रतीति हो रही है, वह चैतन्य के होने का ढंग है, वह इन रूपों में हो रहा है। जिस प्रकार सागर का जल सागर के ही अन्तर्निहित वेग से उछलता, आकारों प्रकारों में ढलता, रहता और बिगड़ता है यानि कि सागर स्वयं को ही अनुभव करता है, उसी प्रकार चैतन्य ही अनंत रूपों में स्पंदित होता, गतिमान दिखता और स्वयं में समाता रहता है।

2
शाक्तोपाय

शिवसूत्र के तीनो अध्यायों में से यह दूसरा अध्याय,सूत्रों की संख्या की दृष्टि से लघु है। इसमें केवल दस सूत्र हैं। शाक्तोपाय, जैसा कि नाम से ही विदित हो रहा है कि इस अध्याय में बताये जा रहे उपायों का संबंध शक्ति से है। शाक्तोपाय के सूत्रों में आत्म साक्षात्कार के गंतव्य तक पहुँचने हेतु साधक के लिए प्रयास है, साधना है और साधन चित्त में ही छिपी हुई चेतना शक्ति है। इस चेतना शक्ति के आरोहण के लिए साधक प्रयत्न करता है और उसका यह प्रयास तभी सफल होता है जब उसे सही गुरु का मार्गदर्शन प्राप्त होता है।

शांभवोपाय चैतन्य से आरंभ होता है, उन उपायों में मन से परे की बात है। शाक्तोपाय चैतन्य की शक्ति से आरंभ होता है, इसमें आंतरिक मन की बात है।

आध्यात्मिक प्रगति चित्त के शुद्धिकरण की यात्रा है। शाक्तोपाय का साधक चित्त शुद्धि के लिए गुरु की संकल्प शक्ति के सहयोग से अपनी चेतना शक्ति को ऊपर उठाता है। शक्ति के उर्ध्वगमन से चित्त शुद्ध होने लगता है क्योंकि निचली वृत्तियां नियंत्रित होने लगती हैं और अंततः साधक चेतना के आरोहण से चैतन्य में स्थित हो जाता है।

चित्तं मंत्रः । २-१ । अर्थ : मन ही मंत्र है।

सूत्र कहता है कि चित्त यानि मन* ही मंत्र है। मंत्र में मंत्रशक्ति छुपी होती है, संकल्प धारण कर मंत्र के दोहराव से मंत्रशक्ति जागृत होती है और अभीष्ट की प्राप्ति होती है। **साधक का लक्ष्य संसार से मुक्ति है और उस लक्ष्य की प्राप्ति का मंत्र चित्त है।**

कैसे?

तो पहले देखें कि चित्त क्या है? चित्तवृत्तियों के समूह को ही चित्त कहा जाता है। चित्त में चलने वाली चित्त वृत्तियां स्वयं को दोहराती रहती हैं, वृत्ति यानि जो वृत्त में चले, स्वयं को दोहराए। इस दोहराव से ही चित्त की वृत्तियां शक्तिशाली होती जाती है। जिस प्रकार मंत्र के दोहराव से मंत्र शक्ति जागृत होती है और उस शक्ति का प्रभाव परिवर्तन पैदा करता है, वैसे ही जिस विशेष चित्तवृत्ति का दोहराव ज्यादा होता है, चित्त में वह शक्तिशाली होती जाती है और उसकी शक्ति के प्रभाव से चित्त उसी स्वभाव में ढल जाता है।

किसी चित्त में यदि निम्न वृत्तियां शक्तिशाली हैं, जैसे- काम, क्रोध, भय, लोभ, मोह, ईर्ष्या, घृणा आदि का अतिरेक है, तो यह चित्त की अज्ञान की अवस्था है। इस अवस्था में दुख और बंधन है। इसी चित्त में यदि बौद्धिक, आध्यात्मिक आदि उच्च वृत्तियों का दोहराव हो तो यह ज्ञान की अवस्था है, ऐसी वृत्तियों में प्रेम, क्षमा, करुणा आदि का भाव होने से व्यक्ति आत्मोन्नति की ओर अग्रसर होता है।

इस प्रकार मन यदि अज्ञान का कारण है तो ज्ञान का कारण भी है। मन ही राग-द्वेष से युक्त होकर विकारग्रस्त होता है और यही मन संसार से विरक्त होकर जब स्वयं को जानने की तरफ मुड़ता है तो ज्ञान का कारण बन जाता है।

विकासक्रम में चित्तवृत्तियां स्वतः परिवर्तित होती हैं लेकिन संसार से मुक्ति चाहने वाला साधक इस विकासक्रम को तीव्र कर सकता है। और इसके लिए चित्त ही मंत्र है यानि चित्त में ही वह मंत्र रूपी बीज है, जिससे सत्य का पुष्प खिल सकता है, पर उसे अंकुरित करने की तकनीक को जानना होगा और अंकुरण की अनुकूल परिस्थितियों हेतु चित्त का शुद्धिकरण करना होगा। शुद्धिकरण कैसे हो ? यही अगले सूत्र का विषय है।

----

* *चित्त व मन: चित्त अर्थात जो भी प्रकट है, सभी रचनाएं, जीव और उनमें चलने वाली प्रक्रियाएं। चित्त व्यक्तिगत नहीं है लेकिन प्रत्येक जीव की इंद्रियों को जो चित्त का सीमित अनुभव होता है, उसी को व्यक्तिगत चित्त या मन कह सकते हैं। चित्त शब्द वैसे तो प्रकट भाग की समग्रता को दर्शाता है परंतु इस सूत्र की व्याख्या में चित्त शब्द का उपयोग मानव चित्त या मन के लिए ही किया गया है। मन चित्त का ही वह भाग है जो स्मृति में चलने वाली विभिन्न प्रक्रियाओं जैसे विचार आदि का सामूहिक केन्द्र है।*

❦

प्रयत्नः साधकः। २-२। अर्थ : प्रयास से सधता है।

पिछले सूत्र में कहा गया कि चित्त ही मंत्र है, अर्थात संसार से मुक्ति चित्त के माध्यम से ही संभव है। अब यह सूत्र कहता है कि इसके लिए प्रयास करना होगा। प्रयास से चित्त को साधना होगा जिससे अज्ञानजनित चित्तवृत्तियां जो दुःख और बंधन का कारण हैं, नियंत्रित हो सकें और वह वृत्तियां सक्रिय हो सकें जो आत्मजागरण में सहायक हैं। इसी प्रयास को चित्त शुद्धि कहा जाता है।

आध्यात्म का आरंभ चित्त शुद्धि से ही होता है। विभिन्न आध्यात्मिक मार्गों में चित्त शुद्धि हेतु साधक को संयम और नियमों का पालन करने के लिए कहा जाता है। संयम और नियमों के पालन से साधक में उन गुणों का विकास होता है जो आध्यात्मिक प्रगति के लिए आवश्यक होते हैं। इन गुणों से आचार विचार शुद्ध होते हैं तथा आत्मबल की वृद्धि होती है जिससे वह स्वयं को साधना के अनुकूल बना पाता है।

साधना क्या है?
साधना शरीर और मन की एकाग्रता हेतु किया जाने वाला प्रयास है, जिसके लिए विभिन्न विधियां अपनाई जाती हैं। शरीर को योगासन और योगमुद्राओं द्वारा और मन को सांसों के अवलोकन, विचारों के अवलोकन, ध्वनि पर एकाग्रता या आंख को किसी बिंदु पर टिका कर यानि त्राटक आदि विधियों से साधा जाता है।

इन एकाग्रता विधियों से चित्त ठहरने लगता है और इस ठहराव से अनियंत्रित चित्त

वृतियां नियंत्रित होने लगती हैं। चित्त के इस ठहराव से चित्त में ऊपरी चक्रों* की चित्तवृतियों के सक्रिय होने का आधार तैयार होता है। इस प्रकार शाक्तोपाय में प्रयास बहुत महत्वपूर्ण है। प्रयास से ही चित्त का शुद्धीकरण होगा।

ॐ

विद्याशरीरसत्ता मन्त्ररहस्यम् । २-३ । अर्थ : जीव की चेतना शक्ति ही मंत्र का रहस्य है।

पिछले सूत्र में हमने जाना कि साधक को निचली चित्तवृतियों को नियंत्रित कर उच्च वृतियों को सक्रिय करने का प्रयास करना है। यहां स्वाभाविक प्रश्न उपस्थित होगा कि इस आरोहण हेतु आवश्यक शक्ति कहां से और कैसे प्राप्त होगी?

तो सूत्र उत्तर देता है कि यह शक्ति कहीं ओर नहीं व्यक्ति के शरीर में ही है और वह है, व्यक्ति की स्वयं की चेतना शक्ति। चेतना शक्ति ही मंत्र का रहस्य है अर्थात चेतना शक्ति को जाग्रत कर के ही अज्ञान से बाहर निकला जा सकता है।

चेतना शक्ति क्या है?
चैतन्य की अव्यक्त चेतना शक्ति ही स्थूल रूपों में व्यक्त होती है। सभी स्थूल रूपों (निर्जीव और सजीव) में जो ऊर्जा है जिसे विज्ञान की भाषा में स्थितिज ऊर्जा कहते हैं, वह चैतन्य की ही चेतना है। चेतना ही ऊर्जा और ऊर्जा ही संग्रहित हो पदार्थ का रूप लेती है यानि चैतन्य ही चेतन से जड और जड से चेतन की यात्रा करता है। जैसे समुद्र का जल वाष्पित हो बरसता, फैलता और बहकर वापस समुद्र में समाता रहता है, वैसे ही यह चक्र चलता रहता है, इसे ही जडता से चेतनता की यात्रा भी कह दिया जाता है। प्रत्येक जीव इस चक्र से होकर गुजरता है और छोटे रूप में यह चक्र प्रत्येक जीव शरीर में विद्यमान होता है।

ये चक्र* मानव शरीर की रीढ में सूक्ष्म रूप से अवस्थित होते हैं। प्रत्येक चक्र से संबंधित चित्त वृतियां होती हैं, चेतना शक्ति ही वह शक्ति है जो इन चक्रों को संतुलित करती है यानि वृतियों को नियंत्रित या सक्रिय करती है। चेतना शक्ति के जागरण और विकास से मनुष्य की चित्तवृतियां परिवर्तित होती जाती हैं यानि कि वह निम्न चक्रों से ऊपरी चक्रों की ओर गति करने लगता है।

इसीलिए सूत्र में कहा गया है कि चित्त के शुद्धिकरण के उपाय का रहस्य व्यक्ति की चेतना शक्ति है।

----

*मानव शरीर में सात चक्र अवस्थित हैं:
तीन निचले चक्र- मूलाधार, स्वाधिस्थान एवं मणिपुर चक्र हैं जिनमें क्रमशः रक्षण, भक्षण और प्रजनन, भोगविलास और सामाजिक मेलजोल की वृत्तियां चलती हैं। ऊपरी तीन चक्र - अनाहत, विशुद्धि और आज्ञा चक्र हैं जिनमें क्रमशः भावना, बौद्धिक गतिविधि और कला एवं आध्यात्मिक वृत्तियां पाई जाती हैं। अंतिम सहस्रार चैतन्य में विलीनता है ।

૭

गर्भे चित्तविकासोऽविशिष्ट विद्यास्वप्नः । २-४ । अर्थः चित्त के विकास की गर्भावस्था में चेतना शक्ति सुप्त होने के कारण चित्त असंतुलित या अज्ञानयुक्त है।

पिछले सूत्र में हमने जाना कि चित्त का विकास या शुद्धिकरण चेतना शक्ति के जागरण और आरोहण से ही संभव है। चेतना शक्ति ही चक्रों को सक्रिय और संतुलित करती है। अब प्रश्न उठते हैं कि चेतना शक्ति क्यों सोई हुई है? चित्त पहले से ही शुद्ध क्यों नहीं है? यानि सभी चक्र एक समान सक्रिय क्यों नही है?

यह सूत्र उत्तर देता है कि चित्त के विकास की गर्भावस्था में चेतना शक्ति सोई हुई होती है। इसीलिए ऐसी अवस्था में चित्त अशुद्ध या अज्ञानयुक्त होता है।

सूत्र में कहे गए 'गर्भे चित्त विकासो' का मतलब है चित्त के विकास की गर्भावस्था यानि जब चित्त विकास की प्रारंभिक अवस्था में है। चित्त पशु योनि से मानव योनि तक विकास तो कर गया है लेकिन उसकी चित्तवृत्तियां अभी भी पशुवत हैं। इस अवस्था में चेतना शक्ति सोई हुई होती है यानि कि उसमें गति नहीं, जडता होती है।

सूत्र में आगे कहा गया 'अविशिष्ट विद्यास्वप्न' संकेत करता है कि सोई हुई अवस्था में भी चित्त गहरी सुषुप्ति में नहीं है, (जैसे कि एक जड़ पदार्थ में होती है) बल्कि स्वप्न में है। स्वप्न में होने से तात्पर्य है, अर्धचेतना में है अर्थात झूठ को

सच मानने की स्थिति, अनेक संकल्पों - विकल्पों से युक्त। इसलिए वास्तविकता से अनभिज्ञ ऐसा चित्त अशांत है। वह अनावश्यक क्रियाओं में लिप्त हो अपनी ऊर्जा को निचली वृत्तियों में ही व्यय कर देता है, जिससे उसकी गति बाधित होती है और चक्रों की सक्रियता में असंतुलन है।

इस प्रकार हम देख सकते हैं कि जीव विभिन्न योनियों से गुजरता हुआ जब मनुष्य योनि में आता है तो मूलतया उसका निचला चक्र ही सक्रिय होता है, जिससे उसमें मुख्यतया पशु वृत्तियां ही हावी होती हैं यानि कि रक्षण, भक्षण और प्रजनन की वृत्तियां। अधिकांश व्यक्ति इन्ही वृत्तियों या नीचे के तीन चक्रों की वृत्तियों (भोग और सामाजिक मेलजोल आदि) में फंसे होते हैं।

चित्त की चेतना शक्ति क्रोध, भय, उदरपूर्ति हेतु संघर्ष और कामुकता आदि वृत्तियों में ही खपती रहती है। मनुष्य आसक्ति वश इन्ही वृत्तियों में जनमों जनमों तक फंसा रहता है, वह उनसे ऊपर उठना ही नहीं चाहता। इसी कारण से चेतना शक्ति मूलाधार चक्र में सुप्त रहती है और चित्त के निचली वृत्तियों में लिप्त होने के कारण अधोगामी होती है।

❧

विद्यासमुत्थाने स्वाभाविके खेचरी शिवावस्था ।२-५। अर्थः चेतना के समुचित उत्थान से स्वाभाविक खेचरी शिवावस्था प्राप्त होती है।

पिछला सूत्र बताता है कि विकास की प्रारंभिक अवस्था में मनुष्य चित्त अशांत, असंतुलित और अज्ञान युक्त होता है क्योंकि उसकी चेतना शक्ति या शेष ऊर्जा मूलाधार में सुप्त है और निचली वृत्तियों में लिप्त होने के कारण अधोगामी है। अब यह सूत्र कहता है कि जब चित्त शुद्धि के लिए साधना की जाती है तो चित्त एकाग्र व शांत होता है और इस ऊर्जा को ऊर्ध्वगमित होने का अवसर उपलब्ध होता है।

सुप्त चेतना शक्ति जब जाग्रत होकर ऊर्ध्वगमित होती है तो ऊपर उठने के क्रम में वह सभी चक्रों से होकर गुजरती है, जिससे ऊपरी चक्र सक्रिय होते हैं। ऊपरी चक्रों में शक्ति के आरोहण से उन चक्रों से संबंधित वृत्तियां चित्त में चलने लगती हैं जिससे व्यक्ति अज्ञान जनित जीवन से मुक्त होता जाता है।

आगे सूत्र कहता है कि, ऊर्जा के समुचित उत्थान से स्वाभाविक रूप से खेचरी शिवावस्था प्राप्त होती है।

यह खेचरी शिवावस्था क्या है?
यह ऐसी समाधि अवस्था है जिसमें साधक ब्रह्मांडीय ऊर्जा से पोषित हो दीर्घावधि तक बैठा रहता है, यानि कि चेतना शक्ति जब ऊपर उठती है तो साधक ऐसी अवस्था को प्राप्त होता है, कि उसकी आंतरिक शक्ति से ही उसके शरीर का पोषण होता है और वह शव की तरह अविचलित हो, शिव की तरह समाधिस्थ होता है। अर्थात चेतना जाग्रत होने से अब अनावश्यक वृत्तियों में ऊर्जा का अपव्यय बंद हो जाता है तो साधक में ऊर्जा का महाअतिरेक हो जाता है। यह अतिरेक ऊर्जा उसे शिवावस्था में स्थित कर देती है।

शिवावस्था क्या है ? शिवावस्था वह है जिसमें देखने वाला दृष्टा दृश्य के साथ लय हो गया है, वह शव हो गया है जिससे उसकी भेद दृष्टि समाप्त हो गई है, अब उसके लिए न कोई अपना है और न पराया है, न कुछ अच्छा है और न बुरा है । वह संसार को जस का तस देख रहा, निर्लिप्त भाव से, निर्विकार भाव से । वह होते हुए भी नहीं है, यही शिवावस्था है । यही संसार से मुक्त होना है जो कि साधक का लक्ष्य है।

๑๑

गुरु उपायः । २-६ । अर्थ: उपाय गुरु है।

पिछले सूत्र में बताया गया कि साधना के द्वारा चित्त शुद्धि होती है जिससे सुप्त चेतना शक्ति जागृत हो उर्ध्वगमित होती है। और इस ऊर्जा के ऊर्ध्व गमन की अंतिम परिणिति आनंद और मुक्ति की अवस्था है। अब प्रश्न उठता है कि ये साधना किस विधि से की जाए, यह साधक को कैसे पता चले? अर्थात इस साधना की विद्या को प्राप्त करने का उपाय क्या है?

सूत्र कहता है कि, उपाय गुरु है, यह साधना गुरु के बिना संभव नहीं है। गुरु के मार्गदर्शन और संकल्प शक्ति से ही साधक की प्रगति सुनिश्चित होती है। किसी ऐसे मार्ग पर चलना जिस पर पहले चले ही न हों, जो नया हो, तो उस मार्ग के विषय में वही बता सकता है जो उस मार्ग पर पहले चल चुका हो। एक आध्यात्मिक

साधक में प्यास जगी, तड़प उठी और वह सत्य की खोज में निकल पड़ा, लेकिन न तो उसे मार्ग का पता है न गंतव्य का। ऐसे में उसे एक मार्गदर्शक की आवश्यकता होती है जो उसे सही रास्ता बताये और गंतव्य तक पहुंचने में उसकी सहायता करे, अन्यथा वह भटकता ही रहेगा।

आध्यात्म में गुरु सबसे महत्वपूर्ण है । गुरु ही है जो शिष्य को अंधकार से प्रकाश की ओर ले जाता है, उसके अज्ञान के नाश में उसकी सहायता करता है। वह शिष्य के अन्तर्मन में झांक लेता है और उसके गुणों अवगुणों को जान लेता है। और फिर वह शिष्य के अवगुणों को शिक्षा और साधना द्वारा धीरे धीरे उसी तरह दूर करता है जैसे एक कुम्हार घड़े को एक हांथ से सहारा देकर दूसरे हांथ से उसकी खोट दूर करता है।

शक्ति के इस मार्ग में गुरु की भूमिका और भी महत्वपूर्ण हो जाती है क्योंकि साधना की दिशा सही न होने पर साधक की मानसिक व शारीरिक क्षति भी हो सकती है।

अब गुरु कैसे मिलता है और मेरा गुरु कौन है, ये कैसे जाना जाए? तो जब दुख या जिज्ञासावश व्यक्ति में स्वयं को जानने की और संसार से मुक्ति की इच्छा तीव्र होती है तो उसकी यह संकल्प शक्ति ही उसे गुरु के द्वार तक खींच लाती है। इसे ही कृपा कहते हैं।

गुरु या मार्गदर्शक भी चित्त की अवस्थानुसार ही मिलता है। स्वाभाविक रूप से व्यक्ति को उसी की बात जंचती है जो उसकी सोच के स्तर के अनुसार होता है। अधिकांश व्यक्तियों की रुचि स्वयं को जानने गें नहीं, संसार को संवारने में होती है और वे वैसा ही गुरु खोजते हैं जो उनके सांसारिक जीवन को व्यवस्थित करने में उनका मार्गदर्शन कर सके।

मेरा गुरु कौन है? यह निम्न वर्गीकरण से जाना जा सकता है।

इनमें पहले प्रकार के वे लोग हैं जो शारीरिक मानसिक व्याधि से मुक्ति, वंश कामना, विवाह संबंध व संबंध सुधार, ऐश्वर्य प्राप्ति, शिक्षा व रोजगार, पद प्रतिष्ठा व विवाद समाधान के लिए आध्यात्मिक मार्गदर्शन चाहते हैं।

दूसरे प्रकार के लोगों में संसार से थके -ऊबे लोग होते हैं जो मानसिक शांति हेतु गुरु की खोज करते हैं।

तीसरे प्रकार के लोगों की जिज्ञासा कुछ और भी जान लेने की होती है, वे आध्यात्मिक ज्ञान को भी संसार के अन्य विषयों की सूचनाओं की भांति जान लेना चाहते हैं।

अंत में कुछ विरले लोग ऐसे होते हैं, जो संसारिक मोह को छोड स्वयं को जानना चाहते हैं। ऐसे लोग कुछ पाने के लिए गुरु की खोज नहीं करते। वास्तव में आध्यात्म व गुरु से कुछ पाना नहीं होता,खोना होता है। गुरु वो सब छीन लेता है जिससे आप बंधे होते है। ऐसा गुरु सदगुरु कहलाता है जो मुक्ति बांटता है, बंधन नहीं।

मजे की बात यह है कि अंतिम प्रकार वाले को गुरु स्वयं ही खोज लेता है, उसे केवल गुरु प्राप्ति की चाह से प्रार्थना करनी होती है।जब शिष्य तैयार होता है तो सदगुरु स्वयं प्रकट हो जाता है। तैयार होने का मतलब है लक्ष्य स्पष्ट होना और ज्ञान का अधिकारी होना। ज्ञान का अधिकारी वो होता है जिसमें जिज्ञासा, मुमुक्षत्व, विरक्ति, श्रद्धा, समर्पण आदि गुण होते हैं।

जिस गुरु की बात आसानी से समझ आए, जो प्रिय हो, जिसके प्रति आकर्षण हो जाए, जिसका सिखाया आपके अनुभव में खरा उतरता हो ,जिसके सान्निध्य में आपकी आध्यात्मिक प्रगति हो रही हो, वही आपका सदगुरु है।

෨

मातृकाचक्रसम्बोधः । २-७। अर्थ : माया के चक्र का सम्यक बोध हो जाना ।

पिछले सूत्रों में जाना कि गुरु के सान्निध्य में साधना करके साधक की चित शुद्धि होती है और चेतना शक्ति का विकास होता है।अब यह सूत्र कहता है कि, चेतना का उत्थान होने से अब साधक को माया (शरीर, मन और जगत) का सम्यक ज्ञान हो जाता है। शरीर ,मन और जगत का ज्ञान उसे पहले भी हो रहा था पर वह सम्यक नहीं था। बुद्धि अशुद्ध होने के कारण वह इनको सत्य मान वृत्तियों में लिप्त था।

सम्यक ज्ञान होने से तात्पर्य है, माया की वास्तविकता को जान लेना कि ये मिथ्या है। ये शरीर, मन और जगत वास्तव में प्रतीति मात्र हैं और मैं इनको जानने वाला शुद्ध चैतन्य हूं।

मातृका अर्थात प्रकृति और चक्र, जो भी अस्तित्व में चल रहा है, घट रहा है। यह प्रकृति का चक्र क्या है? कैसे चल रहा है? किन नियमों एवं प्रक्रियाओं से चल रहा है, साधक को इसका बोध हो जाता है।स्वयं का ज्ञान होने से वह प्रकृति के रहस्यों को भी जान जाता है।

सम्यक बोध कैसे होता है :
एक सामान्य व्यक्ति की दृष्टि बहिर्मुखी है और उसका तादात्म्य प्रकृति के साथ न होकर शरीर के साथ है इसलिए वह प्रकृति में समक्ष उपस्थित इन नियमों को सूक्ष्मता से जान नहीं पाता। परन्तु साधक एकाग्रचित और शांतचित हो जाता है, अज्ञान हटने से उसकी दृष्टि बहुत सूक्ष्म हो जाती है। वह प्रकृति से एकाकार हो निरंतर उसके अवलोकन में होता है और विकसित हो गई अतीन्द्रिय शक्ति भी प्रकृति के रहस्यों को उजागर करने में सहायता करती है।

अब संक्षिप्त में देखते हैं कि साधक प्रकृति की रचनाओं में चल रही किन प्रक्रियाओं और नियमों को जान जाता है।

प्रक्रियाएं *: एक मौलिक प्रक्रिया के अन्तर्गत तमाम प्रक्रियाएं हो रही हैं, इनमें से कुछ हैं : चक्रीय, संगठनकारी, स्वयोजनकारी, प्रतिकृति, विनाशकारी, आंशिक (बडी रचना का छोटा भाग), बाध्य, कलनीय, जटिल, यौगिक आदि ।

नियम *: दृष्टि सृष्टि, नश्वरता/ गति, द्वैत/ध्रुवीय, संतुलन, सापेक्षता, संकर्षण, स्वसमानता, सुंदरता /पूर्णता, अन्तर्सपर्कता, कर्म / कारण - प्रभाव, विकासक्रम।

प्रकृति इन्ही नियमों से संचालित होती है। ये सारे नियम एक साथ लागू होते हैं, किसी एक का प्रभाव ज्यादा भी हो सकता है। साधक प्रकृति के इन नियमों को जान इनसे ऊपर उठ जाता है, क्योंकि प्राकृतिक नियम अटल हैं, इन्हे तोडा नहीं जा सकता ।

----

*प्रक्रियाओं के प्रकार

१. चक्रीय - जैसे ग्रहों की गति, दिन रात, जन्म मृत्यु आदि।

२. प्रतिकृति - प्रजनन, जैसे पेड़ से फल, फल से बीज व बीज से वापस पेड़ बनना।

३.स्वयोजनकारी - अपना संयोजन स्वयं करना, जैसे शारीरिक कोशिकाएं भी अपनी प्रतिकृति बनाकर, स्वयं संगठित हो कर उतक बनाती हैं।

४. संगठनकारी - किसी दूसरी वस्तु का संगठन करना। जैसे- बारिश की बूंदें संग्रहित हो जलाशय का निर्माण करती हैं।

५. बाध्य - एक प्रक्रिया का दूसरी को नियंत्रित या बाध्य करना, जैसे घड़ी का सेकंड का कांटा मिनट के कांटे को घूमने को नियंत्रित करता है।

६. कलनीय - छोटे छोटे नियमों की श्रृंखला परिवर्तन करती है, जैसे कंप्यूटर में चलने वाली प्रक्रियाएं।

७. परिवर्तनकारी - किसी वस्तु का पूरी तरह दूसरी वस्तु में बदल जाना।जैसे कैटरपिलर से तितली बनना।

८. सूचक - केवल सूचना भेजना। शरीर में दर्द होना एक सूचक प्रक्रिया है जो सूचना देती है कि कुछ चोट लग गई है ।

९. प्रेरक - एक प्रक्रिया का दूसरी को शुरू करना। कैसे कोई अपमान करे तो क्रोध आना।

१०. अनुकरणीय - वास्तविक प्रक्रिया की अनुकरण मात्र- विज्ञान में वास्तविक प्रक्रिया का पहले अनुकरण / मॉडल बना लिया जाता है कि ये इस तरह काम करेगी।

११.जटिल - एक साथ बहुत सारी प्रक्रियाएं चलना जैसे घर का निर्माण।

१२. यौगिक - स्वतंत्र रूप से कई प्रक्रियाएं चलना, जैसे पेड़ पर सभी पत्तियां स्वतंत्र रूप से उगती हैं पर संपूर्ण प्रक्रिया यानि वृद्धि सभी स्वतंत्र प्रक्रियाओं का योग है।

१३. विनाशकारी - जो जटिल नाद रचनाओं को सरल नाद रचनाओं में बदल देती है, जैसे मानव शरीर की मृत्यु।

*** चित्त के नियम**

१)दृष्टिसृष्टि:जो देखा जा रहा है वही रचा जा रहा है।जो इंद्रिय संकेत भेजती हैं, चित्त उन संकेतों से वस्तुओं का निर्माण करता है। वस्तुएं चित्त में संग्रहित ज्ञान है।

२)नश्वरता/गति: हर अनुभव नश्वर है, कुछ चीजें थोड़ी देर स्थाई लगती हैं पर उनमें भी चित्त के नियमों के अनुसार बदलाव होता रहता है।

३)द्वैत/ध्रुवीय: हर अनुभव के दो परस्पर विरोधी ध्रुव है, एक सकारात्मक दूसरा नकारात्मक, जैसे ठंडा -गरम , प्रेम -घृणा।

४)संतुलन: प्रकृति स्वयं संतुलन करती है क्योंकि दोनों नियम (नश्वरता /गति और द्वैत/ध्रुवीय) साथ -साथ चलते हैं, जैसे रात-दिन, सर्दी-गर्मी आदि प्रकृति संतुलन बनाए रखती है।

५)सापेक्षता: हम किसी भी अनुभव को यह नहीं कह सकते कि वह परम है, जैसे - कोई भी वस्तु छोटी तब होती है जब उसी से बड़ी वस्तु उसके सामने आती है।

६)संकर्षण: संकर्षण का अर्थ है आदत, बार-बार होना और पुनरावृति आदि। चित्त की गति किसी निश्चित दिशा में बार बार होना इसे संकर्षण कहते हैं। आकर्षण और विकर्षण संकर्षण के ही उप नियम है। आकर्षण मतलब जो अच्छा लगे उसी को बार-बार करना (जैसे नदी समुद्र की तरफ जाती है)और विकर्षण मतलब जो अच्छा ना लगे उसको ना करना । दोनों की ही आदत हो सकती है ,अच्छे की भी बुरे की भी।

७)स्वसमानता: जब छोटा भाग बड़े भाग की तरह दिखाई देता है तो उसे स्व समानता कहते हैं, जैसे किसी पेड़ की टहनी पेड की तरह दिखती है।

८)सुंदरता/पूर्णता: हर अनुभव सुंदर और पूर्ण है ,जिसमें से ना कुछ निकाल सकते हैं और ना जोड़ सकते हैं। चित्त के कारण सुंदर या कुरूप का भेद होता है ।

९)अंतर्सम्पर्करताः सब एक दूसरे से जुड़े हैं, एक का प्रभाव दूसरे पर पड़ता है क्योंकि सब की पृष्ठभूमि एक ही है।

१०)कर्म/कारण - प्रभावः हर घटना का कारण और प्रभाव होता है क्योंकि सब कुछ एक दूसरे से जुड़े हैं सारी सृष्टि एक ही सूत्र में पिरोई गई है। हर कर्म का (अच्छा या बुरा)कोई भी हो उसका प्रभाव होता है। किसी भी जीव का इस पर नियंत्रण नहीं हो सकता क्योंकि मैं नहीं हूं, केवल नियम मात्र है।

११)विकासक्रमः यह एक प्रक्रिया है जो चलती रहती है। ऐसी रचनाएं ही बचती है जो निरंतर विकास कर रही हो। संतुलन एक विकास क्रम है।

৩৩

शरीरं हविः । २-८ । अर्थ : शरीर आहुति द्रव्य है।

पिछले सूत्र में बताया गया कि साधक को प्रकृति के चक्रों का सम्यक बोध हो जाता है, इसी कडी को आगे बढाते हुए सूत्र कहता कि, यह संबोध होने बाद अब वह शरीर को यज्ञ की आहुति सामाग्री की भांति जानता है अर्थात उसे बोध होता है कि जिस भौतिक शरीर को वह अपना कहता था वह नश्वर है, प्रकृति का भाग है और मैं चैतन्य हूं जिसका कभी नाश नहीं होता,ऐसा जान लेने के बाद वह साधक देह भाव से मुक्त हो जाता है।

शरीर हवि कैसे है?
प्रकृति के सृष्टिक्रम में जीव विभिन्न योनियों से होकर गुजरता है। वह विभिन्न शरीरों को धारण करता और उस शरीर के जीवनकाल में सीखता, विकसित होता विकासक्रम में आगे बढता है। प्रकृति के यज्ञ में शरीरों की आहुति देते हुए ही वह चेतना के शीर्ष तक पहुंचता है। योगी प्रकृति के यज्ञ में स्वयं की देह की अंतिम आहुति देता है। उसका यज्ञ संपन्न हो गया है।

साधक देहभाव से मुक्त हो जाता है तो उसकी भेदवृत्ति समाप्त हो जाती है और वह इस शरीर को प्रकृति का भाग जान प्रकृति का सहयोगी हो जाता है। अब उसका शरीर भी प्रकृति में आहुति की वस्तु है। यज्ञ, बांटने की, विस्तारित करने की क्रिया

है। साधक के शरीर द्वारा होने वाला हर कर्म यज्ञ की आहुति होता है।

स्थूल द्रव्य आदि की आहुति दे जिस प्रकार उसके तत्व को अग्नि के माध्यम से सूक्ष्म में विस्तारित किया जाता है, उसी प्रकार साधक की स्थूलता-जडता चेतना में परिवर्तित हो स्थूल जगत के अलावा सूक्ष्म जगत को भी प्रभावित करती है।

॰ॐ॰

ज्ञानं अन्नम् । २-९ । अर्थ : ज्ञान ही पोषण है।

पिछले सूत्र में हमने जाना कि योगी देहभाव से मुक्त हो जाता है। प्रश्न उपस्थित होता है कि सामान्य जन तो देह की पुष्टि में ही लगा हुआ है यदि देहभाव समाप्त हो गया तो अब वह करता क्या है? या उसका मुख्य कार्य क्या है?

तो सूत्र कहता है कि वह ज्ञान को पुष्ट करता है यानि कि वह निरंतर समाधि बोध में होता है। इस सूत्र में जिस ज्ञान की बात की जा रही है, यह वही ज्ञान है जिसकी चर्चा पिछले सूत्रों में की गई है, प्रकृति के चक्रों का ज्ञान, माया की मिथ्या का ज्ञान,अपने सत्यस्वरूप का ज्ञान। इस ज्ञान को अन्न कहने से दो अर्थ निकलते हैं:

१. इस ज्ञान में निरंतरता बनाए रखना जैसे रोज नियमित रूप से अन्न ग्रहण किया जाता है। यानि निदिध्यासन।

२. अन्न जैसे शरीर का पोषण करता है वैसे ही इस ज्ञान में निरंतर स्थिति से शिवावस्था अर्थात मुक्ति और आनंद की अवस्था का पोषण होता है।

॰ॐ॰

विद्यासंहारे तदुत्थ स्वप्न दर्शनम् । २-१० । अर्थ : ज्ञान का संहार होने से वह जागकर स्वप्न द्रष्टा हो जाता है।

पिछले सूत्रों में बताया गया कि योगी को सृष्टि के चक्र, भौतिक देह की नश्वरता और स्वयं की शाश्वतता का ज्ञान हो जाता है। योगी की स्थिति का वर्णन करते हुए यह सूत्र बता रहा है कि उसके ज्ञान का संहार हो जाता है यानि कि उसके जानने का

अंत हो जाता है। योगी के लिए अब कुछ भी जानना शेष नहीं रहा, क्यों? क्योंकि वह जान जाता है कि उससे भिन्न कुछ है ही नहीं।

इसे और समझते हैं:

ज्ञान यानि जानना ! जो कि भेद करके ही जाना जाता है, जब ये जान लिया जाता है कि मैं चैतन्य हूं, तो जानना समाप्त हो जाता है क्योंकि चैतन्य के सिवाय दूसरा है ही नहीं तो वह किसे संबोधित करेगा कि मैं चैतन्य हूं, यानि कि पहले, स्वयं को शरीर व मन जानने वाले ज्ञान का संहार हुआ और अब 'मैं चैतन्य हूं' इस ज्ञान का भी संहार हो जाता है। ज्ञान से ही अहं है और योगी के अहं का नाश हो जाता है।

अज्ञान मल है तो ज्ञान भी मल ही है। जानने के लिए दो का होना आवश्यक है, एक जो जान रहा है और दूसरा, जो जाना जा रहा है। योगी अस्तित्व से एकाकार हो गया है, वह सागर ही था, उसे बूंद होने का भ्रम था। जानना समाप्त होते ही माया समाप्त हो गई, या ये कहें कि माया का ब्रह्म से मिलन हो गया।

माया यानि शक्ति और ब्रह्म यानी चैतन्य। शक्ति में गति है, वेग है, इसी कारण से इसे चेतनाशक्ति कहा जा रहा है, चेतनाशक्ति ही निर्जीव- सजीव आकारों प्रकारों में ढलती है। चेतना शक्ति ही स्थूल से सूक्ष्म हो चैतन्य में स्वयं का विलय करती है। योगी को बोध हो जाता है कि चैतन्य में ही यह लीला चल रही है, यानि कि यह जगत चैतन्य का ही स्वप्न है। ऐसे बोध में चैतन्य स्वरूप योगी स्वप्नवत जगत का स्वप्नृष्टा हो जाता है।

3
आणवोपाय

आणवोपाय शिवसूत्र के तीन अध्यायों में सबसे बडा अध्याय है। इसमें कुल पैंतालीस सूत्र हैं।

शांभवोपाय उन मुमुक्षु साधकों के लिए है जिनकी मेधा शक्ति तीव्र है, चित्त शुद्ध है या आंशिक अशुद्धि है जो आत्मज्ञान के बाद स्वतः शुद्ध हो जाती है। ऐसे साधक की दृष्टि बुद्धि के परे देख सकती है इसलिए शांभवोपाय का आरंभ "मैं चैतन्य हूं" से होता है।

शाक्तोपाय का साधक भी मुमुक्षु है, वह संसार से विरक्त है, लेकिन चित्त में अशुद्धि के कारण अभी उच्च वृतियां (बौद्धिक व आध्यात्मिक) सक्रिय नहीं हो पाई हैं। इसलिए शाक्तोपाय का आरंभ आंतरिक मन से होता है। ऐसा साधक गुरु के मार्गदर्शन में अपनी साधना से चित्त की शुद्धि कर आत्मोत्थान करता है।

आणवोपाय का जिज्ञासु संसार में फंसा हुआ है, वह दुःखों में है लेकिन मोहग्रस्त है, संसार से विरक्ति हुई नहीं है। इसलिए आणवोपाय वहीं से आरंभ होता है जहां वह फंसा हुआ है अर्थात स्थूल जगत और स्थूल शरीर से। ऐसे सामान्य जन को आणवोपाय के ये सूत्र क्रमशः उसकी जिज्ञासा का समाधान करते हुए दुःखों से मुक्ति के मार्ग पर अग्रसर करते हैं।

अंत में गंतव्य एक ही है, तीनों उपाय अज्ञान रूपी नदी को पार कर ज्ञान के तट तक जाने के लिए हैं।

आत्मा चित्तं । ३-१ । अर्थ : आत्मा चित्त है।

जैसा कि आणवोपाय की भूमिका में बताया गया कि, भगवान शिव संसार में फंसे सामान्य जन के लिए ये स्थूल उपाय बता रहे हैं, सामान्य जन की दृष्टि में साकार ही सत्य है क्योंकि उसे शरीर-मन और स्थूल जगत का ही अनुभव हो रहा है। इसलिए आणवोपाय का आरंभ स्थूल जगत यानि चित्त से हो रहा है।

शांभवोपाय का प्रथम सूत्र आत्मा यानि मेरा सत्य स्वरूप चैतन्य है, ऐसा कहता है। शांभवोपाय का आरंभ शीर्ष से होता है, साधक को आरंभ में ही सत्य बता दिया जाता है कि 'मैं' का वास्तविक स्वरूप निराकार चैतन्य है।
आणवोपाय क्रमशः स्थूल शरीर के बोध से आत्मबोध तक ले जाता है। इसमें आरंभ में ही सत्य बताने के बजाय चरणबद्ध तरीके से जिज्ञासु के अज्ञान को हटाया जा रहा है।

आणवोपाय का यह पहला सूत्र कहता है कि आत्मा अर्थात 'मैं' चित्त हूं। सूत्र के कहने का आशय यह है कि मैं ही साकार भी हूं। परन्तु एक सामान्य जिज्ञासु, जो अभी तक संसार को ही सत्य मान रहा है, के लिए "आत्मा चित्त है" का अर्थ यह होता है कि शरीर, मन और मन के द्वारा जो जाना जा रहा है, केवल वही सत्य है। उसकी दृष्टि निराकार तत्व पर नहीं होती।

जब सूत्र "आत्मा चित्त है", ऐसा कहता है, तो वह समग्रता की बात करता है, मेरा चित्त जैसा कुछ भी नहीं है। चित्त एक ही है, अविभाजित है, इकाई का आभास होता है। जो भी प्रकट है अर्थात जो साकार है वह संपूर्णता में चित्त ही है।

जब शरीर-मन को सत्य मान 'मैं आत्मा हूं' कहा जाता है तो दो तरह का अज्ञान प्रकट होता है:
पहला अज्ञान यह है कि व्यक्ति की दृष्टि सिर्फ साकार रूप पर है, वह तत्व को अनदेखा कर रहा है क्योंकि उसे साकार यानी चित्त का ही ज्ञान हो रहा है। केवल साकार को ही सत्य मानना ऐसा ही है जैसे समुद्र में जो लहरें हैं, जल को अनदेखा कर केवल उन लहरों के आकार को ही सत्य मान लिया गया हो।
दूसरा अज्ञान यह है कि वह साकार यानि जो भी प्रकट है, में भी स्वयं को अन्य

प्राणियों और रचनाओं से अलग मानता है। केवल यह शरीर और मन मैं हूं और बाकी के शरीर-मन मुझसे अलग हैं, वह साकार में भी खंड कर रहा है। वह मानता है कि मेरा चित दूसरों के चित से अलग है। इस प्रकार व्यक्ति खंड के अंदर खंड करता चला जाता है और स्वयं को सीमित करता चला जाता है।

चैतन्य ही आत्मा है और आत्मा ही चित है। यह कथन एक सीढी और नीचे ले आता है पर इसमें विरोधाभास कुछ भी नहीं है, यह कथन ऐसे ही है कि जैसे कहा जाए कि जड ही वृक्ष है। परन्तु केवल वृक्ष का दृश्य भाग ही सत्य है, ऐसा मानकर अदृश्य जड़, जो कि दृश्य भाग का आधार है, को अनदेखा कर देना अज्ञान है और दृश्य भाग में भी स्वयं को सिर्फ एक पत्ता मानना उससे भी बड़ा अज्ञान है।

चित : चित यानि नाम रूप। और सटीक रूप से कहा जाए तो अस्तित्व का प्रकट भाग। शारीरिक, मानसिक व जागतिक, तीनों तरह के अनुभवों के समुच्चय को चित कहा जाता है।
अनुभव इंद्रियजनित हैं, इंद्रियां स्वयं चित का भाग हैं, शरीर स्वयं चित का भाग है।
गतिमान स्मृति भी चित ही है, मन में आने वाले विचारों और भावनाओं का अनुभव स्मृति की गति से होता है।

౭౨

ज्ञानं बन्धः । ३-२। अर्थ : ज्ञान बंधन है।

पिछले सूत्र में आत्मा चित है, यह कहा गया और बताया गया कि साकार, आत्मा का ही प्रतिबिम्ब है। लेकिन एक सामान्य व्यक्ति साकार को ही सत्य मानता है और साकार में भी भेद कर स्वयं को देह व मन कहता है। यह सूत्र इसी ज्ञान को अर्थात ऐसा जानने को बंधन कह रहा है। ऐसा ज्ञान ही दुख और बंधन का कारण है। इसे ज्ञान के बजाय अज्ञान कहना ज्यादा उचित है क्योंकि ज्ञान वह होता है, जो अपरोक्ष अनुभव और तर्क के माध्यम से जाना जाए और यह जाना नहीं माना गया है।

इस अज्ञान के कारण व्यक्ति शरीर और मन को ही सत्य मानकर इनसे तादात्म्य कर लेता है और फिर शरीर में होने वाली संवेदनाओं, मन में उठने वाले विचारों,

भावनाओं और संबंधों आदि से प्रभावित होता रहता है, उन्हें अनुकूल प्रतिकूल के खांचें में डाल सुख दुख भोगता रहता है।

उसकी दृष्टि सिर्फ इन अनुभवों पर ही है तो वह स्वयं को इनसे बंधा हुआ पाता है। वह मैं शरीर हूं, किसी विशेष परिवार, समाज या राष्ट्र से संबंधित हूं, अमीर या गरीब हूं, अमुक व्यवसाय है, आदि जान रहा है और यह ज्ञान एक सीमा, एक वर्ग निर्मित करता हैं और व्यक्ति उस खूंटे से बंधता जाता है।

इस प्रकार व्यक्ति मन के अनुभवों और शरीर व जगत से संबंध आदि को सत्य मान इनसे लिप्त रहता है। वह शरीर और अर्जित संपत्ति, संबंध आदि को खोना नहीं चाहता। मृत्यु के समय उसकी यही तृष्णा व अतृप्ति उसे पुनः इसी देह में खींच लाती है और वह जीवन मरण के चक्र से बंध जाता है।

❧

कलादीनां तत्त्वानां अविवेको माया । ३-३। अर्थ : नामरूप वास्तविक है यह अविवेक भ्रम है।

पिछले सूत्र में जिज्ञासु कहता है कि उसे शरीर और मन का ही ज्ञान हो रहा है और सूत्र ऐसे ज्ञान को ही बंधन का कारण बताता है। जिज्ञासु में भाव है कि मुझे तो यही सत्य प्रतीत हो रहा है। यह सूत्र इसी बात का समाधान कर कहता है, नहीं ! ये सत्य नहीं तुम्हारा भ्रम है। ध्यान दीजिए, ये शरीर और मन यानि नामरूप परिवर्तन शील है और जो बदल जाए वह सत्य कैसे हो सकता है। सत्य तो वह होता है, जो बदलता नहीं।

शरीर निरंतर बदल रहा है, पहले बालक रहता है, फिर किशोर, युवा और वृद्ध हो जाता है। मन यानि स्मृति भी परिवर्तनशील है, बाहर दिखने वाला जगत भी परिवर्तनशील है। यही परिवर्तन जब नियमित और धीमें होता है तो वह सत्य लगने लगता है और जब अनियमित और तीव्र होता है तो असत्य लगता है, जैसे - स्वप्न।

जिन इंद्रियों के कारण परिवर्तन सत्य,भासता है वो इंद्रियां सच नहीं दिखातीं क्योंकि वह परिवर्तन को ही सीमित कर प्रस्तुत करती हैं। कोई भी अनुभव स्थिर

नहीं है, ज्यादा देर नहीं रहता, परिवर्तनशील है। कुछ अनुभव स्थिर प्रतीत होते हैं, जैसे कि भवन या अन्य संरचनायें लेकिन उनमें भी निरंतर बदलाव है, स्थिरता का भ्रम है।

यदि कुछ बदलता नहीं है तो पायेंगे कि वहां कोई अनुभव भी नहीं है, जैसे नींद में कुछ नहीं बदलता तो उसका कोई अनुभव नहीं होता, जब बदलने लगता है तो स्वप्न के रूप में उसका अनुभव होता है ।

सूत्र कहता है, नामरूप को तत्व या सत्य मानना अज्ञान है और यही अज्ञान माया है, क्योंकि नामरूप बदलता रहता है, शरीर- मन और जगत नामरूप हैं। इनमें सतत बदलाव है इसलिए ये सत्य नहीं हो सकते, सत्य सदैव अपरिवर्तनीय और अटल होता है।

୬୭

शरीरे संहारः कलानाम्। ३-४। अर्थ : शरीर का नाश परिवर्तन है।

पिछले सूत्र ने जिज्ञासु को बताया कि परिवर्तन माया है और माया सत्य नहीं हो सकती क्योंकि सत्य अपरिवर्तनीय होता है, माया बदलती रहती है। इसी क्रम को आगे बढाते हुए सूत्र अब माया में नश्वरता की बात कहता है कि यह शरीर तो नाशवान है। शरीर के नाश से मेरा भी नाश हो जाता है, यह भ्रम है। यह सूत्र इस भ्रम को दूर करते हुए कहता है कि शरीर का नाश भी परिवर्तन मात्र है। शरीर की मृत्यु सत्य नहीं मिथ्या है क्योंकि परिवर्तन है। परिवर्तन के कारण ही कुछ बनता और बिगडता प्रतीत होता है।

शरीर का नाश परिवर्तन है- कैसे?
तो कुछ भी नष्ट नहीं होता। शरीर अन्न (पोषण) से बनता है और अन्न मिट्टी से, अतः शरीर मिट्टी (पंच महाभूत) ही है। मिट्टी शरीरों के अतिलघु रज- वीर्य कणों में परिवर्तन होता गया और शरीर का बनना प्रतीत हुआ, जब वह पुनः मिट्टी हो गया तो बिगडना प्रतीत हुआ।

स्थूल शरीर जिस स्मृति (मन) से संचालित हो रहा था वह स्मृति भी नष्ट नहीं होती वह भी बीज रूप में परिवर्तित हो जाती है, जिसे कारण शरीर कहते हैं। एक

वृक्ष नष्ट हो जाता है लेकिन वृक्ष की स्मृतियां परिवर्तित हो उससे झड़े बीज में रहती ही हैं। स्थूल शरीर भी स्मृति ही है, नाद ही है। जो भी परिवर्तन होता है स्मृति में ही होता है, जैसे कि- मिट्टी के पात्र टूटने से पात्र की उसी मिट्टी से कोई दूसरा पात्र निर्मित हो जाता है, और नाम- रूप भिन्न हो जाता है।

सूत्र कहता है शरीर का नाश भी परिवर्तन है, परिवर्तन माया है, अतः शरीर व मन आपका सत्य स्वरूप नहीं है।

෧෧

नाडी संहार भूतजय भूतकैवल्य भूतपृथक्त्वानि । ३-५। अर्थ : नाडी संहार (इडा पिंगला का सुषुम्ना में लय) से भूत जय (देहभाव से उठना), भूत कैवल्य (शाश्वत तत्व), भूतपृथक्त्वानि (देह से पृथक सत्यस्वरूप) का बोध।

पिछले सूत्र से ज्ञात हुआ कि शरीर भौतिक है, नाशवान है और शरीर - मन परिवर्तन हैं, और परिवर्तन मेरा सत्यस्वरूप नहीं हो सकता। तो अब प्रश्न उपस्थित होगा कि, शरीर नाशवान है, शरीर का नाश मेरा नाश नहीं, परिवर्तन मात्र है, किंतु "मैं शरीर से पृथक हूं", इस तथ्य को क्या किसी विधि से जाना जा सकता है? क्या अभी जीवित अवस्था में शरीर से पृथकता का बोध हो सकता है? यदि हां, तो यह कैसे होगा।

यह सूत्र इसी प्रश्न का समाधान प्रस्तुत करता है कि, नाडी संहार के द्वारा देहभाव से उठकर, मैं शाश्वत हूं और देह से पृथक हूं, यह बोध किया जा सकता है।

नाडी संहार क्या है ?
नाडी वह है जिससे प्राण ऊर्जा या प्राण वायु का संचार होता है, जिस प्रकार रक्त संचार के लिए शरीर में नलियां (धमनियां व शिराएं) होती हैं उसी प्रकार ऊर्जा संचार के लिए नाड़ियां होती हैं। मेरुदंड में स्थित इडा पिंगला और सुषुम्ना नाड़ियों में से इडा और पिंगला द्वैत का प्रतीक हैं और सुषुम्ना विलय का प्रतीक है। सामान्य अवस्था में प्राण ऊर्जा इडा और पिंगला नाड़ियों से होकर प्रवाहित होती है, जिसके कारण प्राण शक्ति अधोगामी (नीचे की ओर) हो बहती है। सुषुम्ना नाडी में प्राण शक्ति ऊर्ध्वगामी हो नीचे से ऊपर मूलाधार से सहस्रार की ओर गति

करती है। प्राण शक्ति के अधोगामी होने से जीव देहबोध में जीता है, प्राणशक्ति के ऊर्ध्वगामी होते ही उसका विकास चैतन्यता की ओर होने लगता है।

सुषुम्ना नाडी में प्राण शक्ति के गमन से साधक में चक्रों का जागरण होता है। ध्यानावस्था में उसकी श्वास स्थिर हो अति सूक्ष्म हो जाती है और प्राण ऊर्जा सुषुम्ना नाडी से प्रवाहित होने लगती है। मूलाधार में सोई ऊर्जा (कुंडलिनी शक्ति या देवी) जब ऊपर उठकर सहस्रार (ब्रह्म या शिव) से जा मिलती है तब समाधि* घटित होती है और साधक स्वयं को शरीर और मन से भिन्न पाता है। नाडियों का द्वैत से एकत्व में विलय ही नाडी संहार है।

समाधि घटित होने से साधक भौतिक देह के भाव से मुक्त हो जाता है, यही भूत जय है। देह का नाश होता है मेरा नहीं ! यह बोध ही भूत कैवल्य है और भौतिक देह से पृथक स्वयं को चेतन जानना ही भूत पृथकत्व है।

----

*समाधि
जब व्यक्ति अपना ध्यान किसी विशेष अनुभव पर केंद्रित करता है तो दो होते हैं, एक अनुभव और एक अनुभव करने वाला। जब यह विभाजन समाप्त हो जाता है तो केवल एकता का बोध होता है, यही समाधि है। समाधि में शरीर व मन से परे केवल होने का बोध होता है।

⌘

मोहावरणात् सिद्धिः । ३-६। अर्थ : मोह के आवरण को हटाने में सफल होता है।

पिछले सूत्र में बताया गया कि नाडी संहार, जो कि एक यौगिक विधि है, के द्वारा देहभाव से ऊपर उठकर, मैं शाश्वत हूं और देह से पृथक हूं, यह बोध किया जा सकता है। अब जिज्ञासु को यह तो निश्चित हो गया कि शरीर और मन मिथ्या है और उसका सत्यस्वरूप इनसे पृथक है। परन्तु अब वह जानना चाहता है, कि इस पृथकता के बोध से होगा क्या?

यह सूत्र इसी प्रश्न का उतर देते हुए कहता है कि देह से पृथकता का ज्ञान होने से मोह का आवरण हटाने में सफलता मिलती है यानि कि साधक को यह पूर्ण स्पष्ट

हो जाता है कि शरीर व मन को स्वयं मानकर इनसे आसक्त होना अज्ञान है।

मोह आवरण क्या है?

मोहावरण यानि आसक्ति, पंचभौतिक शरीर से आसक्ति अन्य आसक्तियों को जन्म देती है। देहासक्ति देह से और संबंधो से सुख की आशा अपेक्षा रखती है। आसक्ति व्यक्ति को दैहिक इंद्रियों और दूसरी देहों पर निर्भर बनाती है। व्यक्ति स्वयं को शरीर मान शरीर के सुख और दुख से लिप्त हो जाता है।

वह दैहिक इंद्रियों के सुख को सुख मान उनसे लिप्त होता है और वही इंद्रियां शिथिल हो जब दुःख का कारण बनती हैं तो दुःख से लिप्त हो जाता है। यही बात संबंधों और संपत्ति आदि पर भी लागू होती है, इनके जुड़ने, टूटने व छिनने से वह स्वयं को सुखी दुखी पाता है। यह देह मिट्टी है, सुख -दुःख शरीर व मन का विषय हैं, कोई भी संबंध स्थाई नहीं है, यह न जानने से वह मोह में फंसा रहता है।

आसक्ति ऐसी धुंध है जो व्यक्ति के सत्य स्वरूप को छुपा देती है, यही अज्ञान है, अविद्या है। मैं चित्त (शरीर, मन) हूं, यह शरीर, मन और जगत सत्य है। इसे ही अविद्या या माया कहा गया है।

जैसे ही उसे देह के परिवर्तनशील, पंचभौतिक होने और उसके नाश से मेरा नाश नहीं है यह पता चलता है तो उसमें संसार के प्रति विरक्ति का भाव जागता है। अब सब अनावश्यक छूटने लगता है। वस्तुओं, संबंधों और यहां तक कि स्वयं की मानसिक वृत्तियों के प्रति भी निर्लिप्तता आने लगती है। और यही मोह आवरण से मुक्त होना है।

୧୨

मोहजयाद् अनन्ताभोगात् सहजविद्याजयः । ३-७। अर्थ : मोहजय से अनंत का आनंद प्रकट होता है जो सहज ज्ञान की विजय है।

पिछले सूत्र में जिज्ञासु को बताया गया कि नाडीसंहार से जब शरीर और मन से पृथकता का बोध होता है तो मोह का आवरण हट जाता है। अब यह सूत्र बताता है कि मोह पर विजय प्राप्त होने से क्या होता है?

१. अनंत का आनंद प्रकट होता है अर्थात जीवन शांति व आनंद में व्यतीत होता है। कैसे?

अनंत के आनंद में बाधा है स्वयं को सीमित मानना। शरीर-मन मान, मैं-मेरा में, संबंधों में, सुख की खोज रहती है। मोह सीमित करता जाता है, संकुचित करता जाता है। संकुचन में बंधन है, दुःख है। यह अज्ञान संपूर्णता से अलग कर असहाय और आश्रित बनाता है।

संपूर्णता असीमितता है, असीमितता अर्थात फैलाव। फैलने में आनंद निहित है क्योंकि समस्त तुलनाओं का विसर्जन हो जाता है।

जिस अहं के कारण मोह था उस आवरण से मुक्त होने पर भेद ज्ञान समाप्त हो जाता है, मन का विचलन समाप्त हो जाता है, जिससे शांति का उदय होता है, शांति ही आनंद है। ठीक वैसे ही जैसे- एक शिशु में अहं के न होने से भेद नहीं होता और अभेदता के कारण वह आनंद में होता है। यह सुख -दुख से भिन्न अवस्था है, इसमें स्वीकारभाव होता है, बाह्य परिस्थितियां प्रभावित नहीं करती जिससे चित्त आंतरिक शांति व आनंद में होता है।

२. आभासीय ज्ञान की जगह सहज ज्ञान प्रतिस्थापितहोता है।

आभासीय ज्ञान अर्थात चित्त का ज्ञान। यह शब्द ज्ञान है, जो उतरजीविता के लिए तो आवश्यक है लेकिन भेद पैदा करता है। सहज ज्ञान वह समझ है जो स्वतः प्रकट होती है। यह ज्ञान, शब्द ज्ञान से परे है, जैसे शब्दों से आम का वर्णन किया जा सकता है लेकिन आम की मिठास का बोध शब्दों या विचारों से नहीं हो सकता है। प्रत्येक जीव में जो रक्षण, भक्षण, प्रजनन का ज्ञान है, वह सहज ज्ञान है, जो प्राकृतिक रूप से स्वतः प्रकट है।

इस सहज ज्ञान के अतिरिक्त और भी ज्ञान जब सहज रूप से प्रकट होने लगता है तो इसे सहज ज्ञान का विस्तार कहेंगे। यह विस्तार ही अंतः प्रज्ञा है।

मनुष्य का सहज ज्ञान शाब्दिक ज्ञान से दब जाता है। वह शब्दों के माध्यम से सोचता है और बहुत सारे भेदों में फंसा रहता है। मोहजय के बाद अपने पराए का यह भेद समाप्त हो जाता है और मन एकाग्र होने लगता है। इस एकाग्रता से उसकी संवेदनशीलता और जागरूकता बढ़ जाती है जिससे कि अंतः प्रज्ञा का उदय होता है।अंतःप्रज्ञा का उदय ही चित्त के भेद ज्ञान पर सहज ज्ञान की विजय है।

जाग्रद् द्विवतीयकरः । ३-८। अर्थ : जाग्रति दूसरी किरण है।

पिछले सूत्र में बताया गया कि मोह पर विजय प्राप्त करने से भेद ज्ञान समाप्त होता है और सहज ज्ञान का उदय होता है।अब यह सूत्र इसी बात को आगे बढ़ाते हुए कहता है कि इस सहज ज्ञान में जीना ही वास्तविक जागृति है क्योंकि इस जागृति में ही वास्तविकता के दर्शन होते हैं।

सूत्र में इस जाग्रति को दूसरी किरण कहा गया है। एक जागृति है 'संसार में जागना' और दूसरी जागृति है 'संसार से जागना'।

किरण यानि प्रकाश। प्रकाश, जिससे भ्रम दूर होकर स्पष्ट दिखाई देता है। जब तक व्यक्ति संसार को सच मान जी रहा है तब तक रोज सुबह भी होती है, सूर्य का उदय भी होता है, व्यक्ति नींद से जागता भी है लेकिन यह जागृति वास्तविक जागृति नहीं है।

दूसरी जागृति क्या है?

संसार को मिथ्या जान इससे विरक्त होना दूसरी जागृति है। विरक्ति के भाव से ही आसक्ति रूपी बादल छंटते हैं और सत्य रूपी सूर्य प्रकट होता है, यह जागना ही वास्तव में जागना है। इस वास्तविक जागरण से ही सत्य की ओर गति होती है। भ्रम का नाश होता है और सब स्पष्ट दिखने लगता है।

इस जागृति में समेटा हुआ बोझ फेंक कर खाली हो जाया जाता है। यह बोझ क्या है? समस्त प्रकार की मान्यताएं अवधारणाएं बोझ हैं, जो सुनी मानी बातें थीं जिन्हे अपने अपरोक्ष अनुभव से समझा नहीं गया था और जिनसे अनावश्यक कर्म होते थे।

इस जागृति में, कौनसा कर्म आवश्यक है और कौनसा अनावश्यक, ये सब साफ दिखने लग जाता है, द्वंद समाप्त होने लगते हैं। जगत की मिथ्या जानने से अब कोई संशय नहीं बचता।

अब यह स्पष्ट हो जाता है कि सब कुछ स्वतः हो रहा है, यह जगत, शरीर और मन स्वतः गतिमान है और इसके माध्यम से स्वतः कर्म हो रहे हैं। पहले जो अहं कर्म का दायित्व ले कर्ता हो जाता था, उस कर्ताभाव का अंत हो जाता है, उसकी जगह

स्वीकारभाव ले लेता है।

౭౨

नर्तक आत्मा । ३-९। अर्थ : आत्मा नर्तक है।

पिछले सूत्र में बताया गया कि, वास्तविक जागृति से कैसे जीवनदृष्टि में परिवर्तन आता है। अब यह सूत्र बता रहा है कि इस जागृति में क्या बोध होता है? जागकर क्या जाना जाता है? इस क्रम में सूत्र कहता है कि 'आत्मा नर्तक है'।

सामान्य जन में यह भ्रांति होती है कि आत्मा शरीर के भीतर कहीं है जो जन्म-मृत्यु के साथ आती जाती है और मैं परमात्मा का अंश हूं या परमात्मा मेरा रचयिता है।यह सूत्र इन धारणाओं को ध्वस्त कर कहता है कि आत्मा यानि मैं नर्तक हूं, आता जाता नहीं स्थाई हूं और जगत मेरा ही नृत्य है।

जिज्ञासु जब स्वयं को शरीर-मन कहता है तो उसकी दृष्टि सिर्फ नाम- रूप पर होती है। जैसे यदि उपमा से समझें तो वह तत्व यानि मिट्टी नहीं स्वयं को घड़ा यानि आकार प्रकार मान जीवन जीता है। अगले कुछ सूत्रों में किए गए संकेतों के माध्यम से उसने जाना कि आकार नहीं, मिट्टी (तत्व) उसका सत्यस्वरूप है, आकार तो परिवर्तनशील है।

इतना जानने के बाद उसकी अगली धारणा जो अभी भी बचती है, वह यह है कि निराकार तत्व (मिट्टी) से साकार रूप (घड़ा) बनाने वाला कोई कुम्हार है। यानि यह शरीर, मन और जगत को किसी रचनाकार की रचना रामझाता है। वास्तविक जागृति के बाद यह धारणा भी टूट जाती है।

आत्मा नर्तक है और जीव उसका नृत्य है। प्रत्येक जीव नर्तक की ही भाव भंगिमाओं के रूप में व्यक्त हो रहा है। कलाकार और कृति अलग अलग नहीं हैं। मिट्टी ही कुम्हार भी है, तत्व में ही क्रियाशक्ति निहित होती है। स्वयं को किसी रचनाकार की रचना या कलाकार की कृति मानना अज्ञान है, कलाकार मैं स्वयं ही हूं।

आत्मा चैतन्य है, जो निर्गुण और निराकार है। चैतन्य में ही अनंत रूपों में प्रकट

होने की संभावना है। वही इस जीव रूप में भी प्रकट है। व्यक्ति स्वयं को जीव मान इस लीला में फंसा हुआ पाता है, उसे बोध ही नहीं है कि यह लीला उसी की है। मैं आत्मा हूं, यह लीला मेरी ही है, मैं जैसा चाहूं वैसा हो सकता हूं, वह इस बोध से वंचित हो सुख दुःख भोग रहा है।

मनुष्य इस संसार से लिप्त हो जन्म मरण के चक्र में फंसा रहता है। वह आत्मा ही है, इसका उसे विस्मरण हो जाता है। वह भूल जाता है कि वह अपनी इच्छा से इस चक्र से मुक्त भी हो सकता है। वह स्वयं को क्षुद्र देह व मन मान, भ्रम में रहता है और अपने ही नृत्य को, अपनी ही लीला को, लीला न मान सत्य मान बैठता है।

☙

रङ्गोऽन्तरात्मा । ३-१०। अर्थ : अन्तरात्मा रङ्गमंच है।

पिछले सूत्र में कहा गया कि आत्मा नर्तक है यानि यह प्रकट जगत प्रपंच, निराकार आत्मा का ही है। अब प्रश्न यह होगा कि रचना तो सदैव रचयिता से भिन्न होती है तो यह जगत जो कि रचनाओं के रूप में है वह आत्मा से कैसे भिन्न नहीं है? बिना कुम्हार के मिट्टी से घट और अन्य विभिन्न आकारों की स्वतः निर्मिति कैसे हो रही है? यह सूत्र इसी संशय का समाधान करते हुए कहता है कि वास्तव में कोई रचना नहीं हुई है। यह संसार प्रतीति मात्र है।

रङ्गो अर्थात जगत प्रपंच या लीला अन्तरात्मा यानि आत्मा में ही प्रतिक्षण प्रकट हो रहा है। मुझ आत्मा में ही संसार की उत्पत्ति और विनाश प्रतिपल हो रहा है, इसका तात्पर्य है कि संसार अलग से रचा हुआ नहीं है, जीव को इसके होने का सिर्फ ज्ञान हो रहा है। जीव है तो संसार है अन्यथा नहीं।

कैसे?
नींद से जागने पर इंद्रियां सक्रिय होती हैं और संसार प्रकट होता है। अंधे व्यक्ति में केवल एक दृश्येंद्रिय न होने से दृश्य जगत का लोप हो जाता है लेकिन वह रहता है, सुषुप्ति में तो सभी इंद्रियों की शिथिलता से संपूर्ण जगत का लोप हो जाता है, तो अब विचारणीय है कि यदि मैं संसार में रहता हूं तो सुषुप्ति में कहां था, अतः संसार में मैं नहीं संसार मुझ आत्मा में रहता और प्रतीत होता है। संसार स्वप्नवत है।

जगत के समस्त रूप आत्मा में ही प्रकट हैं, दो नहीं हैं। जिस प्रकार समुद्र का जल भिन्न आकार- प्रकार की लहरों के रूप में स्वयं में ही नृत्य करता, उठता गिरता रहता है, ठीक उसी प्रकार चैतन्य के भिन्न भिन्न रूप अव्यक्त से व्यक्त हो चैतन्य में ही समाते रहते हैं।

मनुष्य में अहम् और कर्ताभाव है जिसके कारण वह मोहग्रस्त हो लीला से लिप्त हो जाता है और लीला को सत्य मान दुःख पाता है। यदि उसे इस रंगमंच में पात्रों की भूमिका और अपनी भूमिका का तथ्य समझ में आ जाए तो वह इस लीला को और भी सुंदर कर सकता है।

☙

प्रेक्षकाणीन्द्रियाणि । ३-११। अर्थ : इंद्रियां दर्शक हैं।

पिछले सूत्रों में जाना गया कि आत्मा नर्तक है और नृत्य की पृष्ठभूमि भी। जाग्रत में इंद्रियों के सक्रिय होने से जगत और जगत प्रपंच की प्रतीति होती है। यह सूत्र कहता है कि इंद्रियां दर्शक हैं।

इंद्रियों को दर्शक कहने का आशय यह नहीं कि इंद्रियां आत्मा से भिन्न हैं, आत्मा नर्तक भी है, नृत्य भी और इंद्रिय रूप में दर्शक भी है।अनंत शरीरेन्द्रियों के माध्यम से वह स्वयं को ही देख रहा है, ठीक वैसे, जैसे- समुद्र लहर रूपी दर्पण में उठ स्वयं को ही देखता है।
वास्तविक जागृति के बाद साधक यह वास्तविकता जान पाता है कि इन्द्रियां दर्शक हैं पर सत्य की नहीं, लीला की दर्शक हैं। दर्शक के रहते तक लीला रहती है, दर्शक उठ जाता है तो लीला समाप्त हो जाती है। इंद्रियों के बगैर मेरा होना तो है लेकिन इंद्रियों के बगैर जगत नहीं है, दर्शक है तो लीला है।

जैसा कि पिछले सूत्र में कहा गया कि अलग से कोई रचना हो नहीं रही है। समुद्र में जल परिवर्तित होकर कुछ और नहीं हो रहा है, वह लहर भी जल ही है, जल के आकार को लहर नाम दे दिया जाता है। इंद्रियां स्वयं लहर हैं, शरीर इंद्रियों का जोड है, संपूर्ण शरीर की बाहरी त्वचा और आंतरिक कोशिकाएं जगत का अनुभव ले रही हैं। एक लहर दूसरी लहर को जान सकती है, जल या तत्व को नहीं क्योंकि जानना सापेक्षता में ही संभव है। अर्थात इंद्रियां जो भी देख रहीं है वह परिवर्तन (नृत्य) है,

वास्तविक नहीं।

पांचों ज्ञानेन्द्रियों (कान, त्वचा, आंख, जिह्वा और नाक) को पांच तन्मात्राओं शब्द, स्पर्श, रूप, रस, गंध का जो अनुभव होता है, वह परिवर्तन का होता है, यदि परिवर्तन न हो तो इंद्रियां उसका अनुभव नहीं कर सकतीं।

वस्तुएं ठीक वैसी नहीं हैं, जैसी दिखाई पड़ती हैं या जैसी स्मृति में छपी हैं। हम उतना ही रुप, आकार और रंग अनुभव करते हैं जितना हमारी इन्द्रियां संकेत करती हैं। अब ये कैसे निश्चित होता है कि किस जीव को कितना और कैसा अनुभव होगा। तो जीव को उतने ही अनुभव होते हैं जितने जीवन के लिए उपयोगी हैं। प्रत्येक जीव में उतनी ही और उसी प्रकार की इंद्रियां विकसित हैं जो उसके जीवन जीने के लिए आवश्यक हैं।

इंद्रियां चित्त के महासागर में गतिमान नाद की तरंगो को सीमित मात्रा में ही पकड पाती है, अनुभव सीमित होने से ही वह अर्थपूर्ण होता है, ठीक वैसे जैसे रेडियो में प्रसारित हो रही तरंगे जब किसी केंद्र में सीमित होती हैं तभी अर्थपूर्ण होती हैं।

इस प्रकार, जो वास्तविक है उसका अनुभव नहीं किया जा सकता है। इन्द्रियों के माध्यम से हमें पता चलता है कि जगत में क्या है। परन्तु जगत वास्तव में क्या है इंद्रियों से नहीं जाना जा सकता। परन्तु जीव इंद्रियों द्वारा दी गई जानकारी को ही सत्य मान भ्रमित होता रहता है। जो भी अनुभव हो रहे हैं वह इंद्रियों के विषय मात्र हैं, उनको सत्य मानकर उनमें लिप्त हो जाना दुख का कारण है।

❧

धीवशात् सत्त्वसिद्धिः । ३-१२। अर्थ : बुद्धि का वश में होना सत्व सिद्धि है।

पिछले तीन सूत्रों में बताया गया कि वास्तविक जागृति होने पर यह जाना जाता है कि मैं आत्मा हूं, ये जीव और संसार मेरी ही लीला है और जो भी अनुभव हो रहे हैं वह इंद्रियों के विषय मात्र हैं अर्थात इंद्रियों द्वारा दी गई मिथ्या जानकारी मात्र है। अब प्रश्न उठता है कि यह सब जानने का क्या परिणाम होता है, क्या परिवर्तन आता है?

यह सूत्र इसी प्रश्न का उत्तर देता है कि, यह सब जानने के बाद बुद्धि शुद्ध होने लगती है और जब बुद्धि शुद्ध हो जाती है तब दृष्टि बुद्धि के परे देख पाती है, यानी कि बुद्धि का समर्पण हो जाता है। बुद्धि का समर्पण ही बुद्धि का वश में होना है। बुद्धि के वश में होने के उपरांत ही सत्य का बोध घटित होता है।

सत्य के बोध से होता क्या है?

जीवन सात्विक हो जाता है। अनावश्यक वृत्तियां स्वतः नियंत्रित होने लगती हैं जिससे विषयों के पीछे भागना, उनसे लिप्तता समाप्त हो जाती है। यही इंद्रियों पर नियंत्रण है। इंद्रियों के नियंत्रित होने से शांति और आनंद में स्थिति होती है। शांति और आनंद ही मेरा सत्यस्वरूप है, इसलिए शांति और आनंद में स्थित होने का अर्थ है, सत्य में जीना। सत्य में जीना ही सत्व सिद्धि है।

बुद्धि शुद्धि क्या है?

बुद्धि का कार्य है अनुभवों का विश्लेषण करना, बुद्धि इंद्रियों द्वारा किए गए अनुभव को यथावत नहीं रहने देती वह उनमें चीरफाड करके वृत्तियों के अनुसार अच्छे बुरे में परिवर्तित कर देती है। यही बुद्धि की अशुद्धि है।

सामान्य व्यक्ति अशुद्ध बुद्धि यानी सांसारिक बुद्धि के साथ जीता है। ऐसी बुद्धि अनुभवों पर केंद्रित है, संसार को सत्य और सांसारिक उपलब्धियों को ही जीवन का लक्ष्य मान रही है। वह संसार में ही सफलता की कामना से कार्य करती है। आध्यात्मिक मार्ग पर चलने से ऐसी सांसारिक बुद्धि शुद्ध होने लगती है।

कैसे?

अब वह सही- गलत का निर्णय अनुभव और तर्क के आधार पर करने लगती है, मान्यताओं धारणाओं के आधार पर नहीं। सत्य और असत्य में भेद कर पाता है जिससे कि संसार की मिथ्या का भान हो जाता है, और ऐसी आध्यात्मिक बुद्धि दुखों का कारण जानने और अपने सत्यस्वरूप को जानने की तरफ मुड़ जाती है। यही बुद्धि का शुद्ध होना है।

बुद्धि का समर्पित होना क्या है?

बुद्धि जो भी जानेगी विभाजित करके ही जानेगी, यही बुद्धि का स्वभाव होता

है, जबकि सत्य अविभाजित और अपरिवर्तनीय होता है। अतः जब बुद्धि इस विभाजन वृत्ति को त्याग कर शांत हो जाए, अनुभवों का विश्लेषण करना छोड़ पूर्ण स्वीकार भाव में आ जाए तो यही बुद्धि का समर्पण है। इस प्रकार जब बुद्धि समर्पित हो जाती है तब स्वतः ही सत्व में स्थिति हो जाती है।

सिद्धः स्वतन्त्रभावः। ३-१३। अर्थ : सत्व सिद्धि से स्वतंत्र भाव में स्थिति होती है।

पिछले सूत्र में बुद्धि के समर्पित होने से सत्व सिद्धि अर्थात सत्य में स्थित होने की बात कही गई। अब यह सूत्र कहता है कि ऐसा सिद्ध स्वतंत्रभाव में स्थित है, मुक्त है। यही मोक्ष है। स्वतंत्र भाव में स्थित होने का तात्पर्य यह है कि वह जान जाता है कि वह सभी बंधनों से मुक्त है।

वह किन बंधनों से मुक्त हो जाता है? ये जानने के लिए समझना होगा कि बंधन कौन से हैं और क्या वो वास्तव में बंधन हैं या भ्रम मात्र हैं। रस्सी को सर्प मान भ्रम के कारण, अज्ञान के कारण जीव स्वयं को बंधा पाता है।

* मैं शरीर-मन हूं, सीमितता का यह अज्ञान बंधन है।

* व्यक्ति की जो वर्तमान स्थिति है, वह सदैव उससे आगे जाना या कुछ और होना चाहता है, यह बंधन है।

* शारीरिक व्याधियां आदि बंधन हैं क्योंकि शरीर मेरा है, यह भाव है और शरीर से लगाव है।

* समस्त संबंध बंधन हैं क्योंकि इनमे से कुछ मेरे लिए पराए हैं और कुछ अपने हैं।

* संसार की बाहरी परिस्थितियां बंधन हैं, क्योंकि जगत मेरे अनुसार नहीं चल रहा है।

* मन में चल रहे विचार, भावनाएं, इच्छाएं बंधन हैं क्योंकि इनसे कर्मों की बाध्यता से कर्मफल को भोगना पडता है।

* वृद्धावस्था की असहायता और मृत्यु बंधन है।

तो ये शरीर, जगत और मन के बंधन तभी तक हैं जब तक इनको सत्य माना

जा रहा है, इन्हीं को मैं और मेरा माना जा रहा है। यही माया है। इस माया की वास्तविकता जान लेने पर यह स्पष्ट हो जाता है कि सारे अनुभव भ्रम मात्र हैं, स्वप्नवत हैं अतः अब साधक इनसे प्रभावित नहीं होता। और यही स्वतंत्र भाव है।

इस प्रकार सत्य का बोध होने के बाद साधक को पता चलता है कि वह तो पहले से ही मुक्त था। आत्मा किसी नियम के अधीन नहीं है। नियम माया में कार्य करते हैं और वह माया से परे है।

यथा तत्र तथान्यत्र । ३-१४। अर्थ : जो यहां है वही सर्वत्र है।

पिछले सूत्र में हमने जाना कि अज्ञानता वश स्वयं को बंधनो से बंधा मान लिया जाता है, बंधन तो मिथ्या हैं, चित्त द्वारा आरोपित हैं, सत्य स्वरूप तो सदैव मुक्त है। अब आगे इसी मुक्त आत्म स्वरूप का वर्णन करते हुए यह सूत्र कहता है कि, वह सीमित नहीं सर्वव्यापी है, आत्मा यानि चैतन्य और चैतन्य की चेतना ही सर्वत्र व्याप्त है।

सर्वव्यापी होने का मतलब है उसका कोई निश्चित स्थान नहीं है। स्थान वस्तुओं या पदार्थों के होते हैं जिनका कोई आकार होता है। अतः चैतन्य का कोई आकार नहीं है, वह निराकार है।

चैतन्य कोई अनुभव नहीं वरन सभी अनुभवों का अनुभवकर्ता है। वह अपरिवर्तनीय है, सत्य है और समस्त अनुभवों से निर्लिप्त इन्हे आते जाते देख रहा है। ये शरीर और मन भी अनुभव हैं, वह इनका भी साक्षी है। यह अनुभवकर्ता मूलतत्व है, अव्यैक्तिक है और निर्गुण है अर्थात इसमें कोई कोई गुण नहीं मिलता, यदि अनुभव में खोजनें जायें तो शून्य मिलता है। अनुभवकर्ता को अनुभव में खोजना व्यर्थ है, सारे अनुभवों को नकारनें के बाद जो बचता है, वो अनुभवकर्ता है।

इस प्रकार आत्मस्वरूप जो कि अनुभवकर्ता है, वह बुद्धि और ज्ञान से परे है। वह ज्ञानस्वरूप है इसलिए किसी स्थान से बंधा हुआ नहीं है। वह सीमित नहीं आकाश की भांति सर्वव्यापी है।

विसर्गस्वाभाव्याद् अबहिः स्थितेस्तत्स्थितिः । ३-१५। अर्थ : स्वतंत्र स्वभाव के कारण वह बाहर और भीतर समान रूप से स्थित है।

पिछले सूत्र में सत्य स्वरूप यानि आत्म स्वभाव का वर्णन है, जिसमें उसे असीमित और सर्वव्यापी कहा गया। तो प्रश्न उपस्थित होगा कि जो सीमित है अर्थात यह जो जीव है वह क्या है? यह सूत्र उसी बात को आगे बढाते हुए कहता है कि चैतन्य निराकार है और जो साकार प्रतीत होता है वह भी वही है। घट के बाहर जो आकाश है वही आकाश घट के भीतर भी है।

मैं चैतन्य हूं और यह शरीर आदि मेरे ही नामरूप हैं यानि कि सब का तत्व चैतन्य ही है। तत्व के बिना नाम रूप संभव नहीं है, जैसे मिट्टी के बिना घड़ा संभव नहीं है अर्थात यह शरीरादि उसी निराकार चैतन्य की चैतन्य शक्ति के रूप में प्रकट हैं। जिस प्रकार समुद्र का जल समुद्र के वेग से आकार लेता दिखता है उसी प्रकार चैतन्य की चेतना साकार रूप में प्रतीत होती है।

स्वतंत्र स्वभाव यानि जिसमें कुछ भी होने की संभावना है और जिसको सीमाएं सीमित नहीं करतीं। चैतन्य में अनंत संभावनाएं हैं।

बाहर और भीतर समान रूप से स्थित होने से तात्पर्य है कि शिव और शक्ति दो नहीं हैं इसीलिए अर्द्धनारीश्वर हैं। माया और ब्रहम दो नहीं हैं। संपूर्ण जगत जड़-चेतन, व्यक्त -अव्यक्त चैतन्य ही है यानि मैं ही तत्व हूं। कोई सीमा रेखा मुझे नहीं बांधती, ना ही समय के संदर्भ में और न ही स्थान के संदर्भ में।

मेरा कोई आदि या अंत नहीं है। मैं असीमित हूं। मैं खंडित नहीं हूं, एक ही हूं। जैसे एक ही आसमान सर्वत्र व्याप्त है वैसे ही मैं भी हूं। यानि ऐसा नहीं कि प्रत्येक जीव की अलग अलग आत्मा या तत्व है, एक ही तत्व अखंड रूप से सब जगह विद्यमान है।

बीजावधानम् । ३-१६। अर्थ : मूल पर मन की एकाग्रता।

पिछले सूत्रों में जिज्ञासु के प्रश्नों का निवारण करते हुए, उसे चित की मिथ्या, वास्तविक जगृति और सत्यस्वरूप से परिचित करवाया गया। अब वह जिज्ञासु साधक इस बताए गए सत्य का साक्षात्कार करना चाहता है, वह इसे अपरोक्ष करने के लिए साधन पूछ रहा है,जिससे कि वह अपनी इस अज्ञान की अवस्था से सर्वोच्च अवस्था में स्थित हो सके। वह साधन बताते हुए यह सूत्र कहता है कि, मूल यानि स्रोत पर मन को एकाग्र करना है।

मूल क्या है?
मूल मेरा सत्यस्वरूप है और वह है- साक्षी। साक्षी का स्वभाव निर्लिप्तता है। वह ज्ञान- अज्ञान, अच्छे-बुरे, सुंदर-कुरूप सभी अनुभवों का साक्षी है, वह उन्हे आते जाते जस का तस देख रहा है। तो साधना क्या है? इस निर्लिप्त स्वभाव में स्थित होना ही साधना है।

साक्षी भाव साधना कैसे की जाती है?
आती जाती चितवृत्तियों से लिप्त न हो,उन्हें निरपेक्ष भाव से देखना। एक साधक न केवल इच्छाओं, भावनाओं, विचारों को आते जाते देखता है बल्कि जिस मन को इनका ज्ञान हो रहा है, उसको भी देखता है क्योंकि अब वह इस बोध में है कि, मैं शरीर व मन नहीं हूं, शरीर-मन का भी दृष्टा हूं।

विचलित मन को एकाग्र करने के लिए साधक ध्यान की विधियों का भी उपयोग कर सकता है, जिनमें मन जब किसी अनुभव विशेष (श्वास आदि) का साक्षी होता है, तो ठहरने लगता है और एकाग्र हो जाता है। इन साधनाओं के माध्यम से मूल स्वभाव में स्वतः स्थिति होने लगती है और निरंतर साक्षी भाव में बने रहने से साधक की चेतना का विस्तार होता जाता है।

आसनस्थः सुखं हृदे निमज्जति । ३-१७। अर्थ : बैठा हुआ आनंद सागर में नहाता है।

पिछले सूत्र में जिज्ञासु साधक को मूल स्रोत पर चित को एकाग्र करने की साधना बताई गयी।अब यह सूत्र बताता है कि चित्त के एकाग्र होने का क्या परिणाम होता है। साधना के फलस्वरूप चित्तवृत्तियां नियंत्रित होने लगती हैं और चित में ठहराव आने लगता है, इस ठहराव से हृदय में शांति और आनंद तैरने लगता है, इसे ही समाधि अवस्था कहते हैं।

ठहरना या आसनस्थ होना अर्थात स्वयं के ज्ञान में स्थित रहना, स्वस्थ होना। हम स्वयं में स्थित क्यों नहीं हो पाते क्योंकि मन विचारों से भरा हुआ है जिन्हें इच्छाएं गतिमान किये हुए हैं। न कभी इन इच्छाओं का अंत होता है और न विचारों का, इससे भीतर मन आपाधापी में है और बाहर जगत में यह शरीर। साधक शरीर व मन से परे के बोध मे है इसलिए आनंदित है।

साधक का चित्त एकाग्र हो गया है, वह साक्षीभाव में है जिससे वह इच्छाओं, विचारों के साथ न बह तटस्थ हो इन्हे देख रहा है। साधक इस शरीर, मन और जगत का द्रष्टा है और द्रष्टा में ठहराव है, अपरिवर्तनीयता है। गति दृश्य में है, शरीर मन जगत दृश्य हैं और साधक निर्लिप्त हो इन्हे देख रहा है।

जो तटस्थ हो गया वही ठहर गया। ठहरा हुआ आनंद में भीगा हुआ है, वो कैसे? तो मेरी इच्छा, मेरे विचार ही मेरा संसार गढते हैं, तटस्थ होने से वह संसार मेरा नहीं रहा। संसार मेरा है, इस लिप्तता से सुख- दुःख है और मेरा नहीं है तो आनंद है क्योंकि अब संसार लीला है। साधक ठहरा हुआ इस लीला को देख रहा है और आनंद में गोते लगा रहा है।

৩๑৩

स्वमात्रा निर्माणं आपादयति । ३-१८। अर्थ : अपने ही होने (अहं) का अतिक्रमण।

पिछला सूत्र समाधि अवस्था के विषय में बताता है कि चित्त के स्व पर स्थित होने से साधक आनंद से परिपूर्ण है। इस सूत्र में समाधि के परिणाम की बात कही गई

है कि हृदय में आनंद से पूरित साधक 'मैं शरीर हूं और जगत के अन्य शरीरों से भिन्न हूं" इस सीमितता के ज्ञान से परे हो जाता है।

उसके मैं को निर्मित करने वाले सभी कारण अब ढहने लगते हैं, वह अस्तित्व से एकाकार होने लगता है। इस प्रकार अब **साधक 'मेरे होने' या जीव के होने के कारण का अतिक्रमण करता है।** मेरा होना अर्थात अहम! यानि मैं संपूर्णता से अलग कुछ व्यक्तित्व हूं - ऐसा भाव।

क्यूंकि ये अहम ही जन्म मरण के चक्र से मुक्त होने में सबसे बड़ी बाधा है तो अहम उत्पन्न होने के कारणों को ही मिटा देना उसका लक्ष्य होता है, जिसे निर्बीज होना भी कहा जा सकता है। अहं से ही द्वैत है। साधक की यात्रा अद्वैत की ओर है, अद्वैत यानि दो नहीं, जिसमें मात्र होना है।

अब देखें कि ऐसे कौन कौन से कारण हैं जो झूठा अहम पैदा करके स्वयं को संपूर्णता से अलग होने का आभास देते हैं।
सर्वप्रथम है - संसार। तो सबसे पहले साधक में संसार के प्रति विरक्ति का जन्म होता है जिससे उसके सांसारिक जीवन का अंत हो जाता है।
फिर है स्थूल शरीर, तो अब इससे भी आसक्ति समाप्त हो जाती है। जगत और शरीर की मिथ्या जानने के बाद साधक इस भौतिक जगत से परे के भाव में रहने लगता है।
अंतिम है- बीज शरीर (कारण शरीर), जिसमें जीव स्मृतियां संस्कार रूप में संचित होती हैं, यही जीव के आवागमन का कारण है।
साधक क्रमशः अस्तित्व से कुछ अलग होने के इन कारणों से पार होता जाता है, जिनमें से दो बाधाएं उसने पार कर ली हैं।

๑๏๑

विद्या अविनाशे जन्म विनाशः । ३-१९ । अर्थ : ज्ञान के अविनाशी होने से जन्म का विनाश हो जाता है।

जैसा कि पिछले सूत्र में बताया गया कि साधक जन्म के सभी कारणों को लांघ जाना चाहता है, तो यह **अतिक्रमण कैसे होगा** अर्थात वह जन्म मरण के चक्र से कैसे मुक्त होगा ? यह सूत्र इस प्रश्न का समाधान करते हुए बताता है - अविनाशी

ज्ञान में स्थित होकर।

पिछले सूत्र में जिस ज्ञान के नाश की बात की गई वह चित या माया का ज्ञान है अर्थात "मैं संपूर्णता से अलग कोई व्यक्तित्व हूं" ऐसा ज्ञान जिसका मृत्यु के साथ ही नाश हो जाता है।

इस सूत्र में अविनाशी ज्ञान की बात की गई है । अब हम यह देखते हैं कि यह अविनाशी ज्ञान क्या है ?और इससे कैसे जन्म के कारण का नाश होता है । अविनाशी ज्ञान सत्यस्वरूप का ज्ञान है, यह ज्ञान मैं स्वयं हूं क्योंकि चैतन्य ज्ञानस्वरूप है। यह चेतना है, चेतना जब जागृत हो जाती है तो मृत्यु के समय भी साधक को यह बोध रहता है कि यह शरीर गया लेकिन मैं कहीं आता जाता नहीं यानि की वह पूर्ण चेतना में होता है। पूर्ण चेतना में होने के कारण जन्म मृत्यु पर नियंत्रण पा जाता है।

साधक अनंतता के बोध में है और इस बोध में निरंतरता रहने से यह ज्ञान स्थाई हो जाता है।

व्यावहारिक पक्ष:

इसलिए व्यक्ति को चाहिए कि वह मनुष्य योनि को व्यर्थ न गवाएं। सिर्फ सांसारिक लक्ष्यों की प्राप्ति में इस अमूल्य जीवन को न गंवा दे वरन सत्य की खोज में, ज्ञान प्राप्ति के लिए इस जीवन का उपयोग करे। क्यूंकि सांसारिक जो भी है, नश्वर है। मृत्यु के बाद कुछ साथ नहीं जायेगा परन्तु ज्ञान विस्मृत नहीं होता। जब अगला जन्म होता है तो पिछले जन्म में जहां तक चेतना का विस्तार हुआ था, उससे आगे यात्रा बढ़ती है ना कि शून्य से।

൭൭

कवर्गादिषु माहेश्वर्याद्याः पशुमातरः । ३-२० । अर्थ : कवर्ग आदि में देवी माहेश्वरी पशुओं की माता हैं।

पिछले दो सूत्रों में दो प्रकार के ज्ञान की बात की गई। पहले ज्ञान का नाश हो जाता है और दूसरा ज्ञान अविनाशी है।

नाश उसी का होता है जिसका सृजन होता है, तो चित्त के ज्ञान का संबंध मनुष्य के जन्म से है, जो उसे मानव निर्मित व्यवस्था से प्राप्त होता है। इस ज्ञान का आरंभ व्यक्ति के जन्म के साथ होकर उसकी मृत्यु के साथ समाप्त होता है। अगले जन्म में जीव को पुनः क ख ग से आरंभ करना होता है।

अविनाशी ज्ञान सृजित नहीं है, यह शाश्वत है, यह सत्यस्वरूप का ज्ञान है, मैं चैतन्य ज्ञानस्वरूप हूं।

प्रश्न उपस्थित होता है कि यह पहले वाला ज्ञान जो शब्दों से होता है, यह कैसे सृजित हुआ और इस ज्ञान की आवश्यकता या महत्व क्या है?

कैसे सृजित हुआ?

तो सूत्र कहता है : कवर्ग आदि में देवी माहेश्वरी पशुओं की माता हैं। तो देखते हैं कि यहां पर "कवर्ग आदि " और "देवी माहेश्वरी पशुओं की माता" का क्या तात्पर्य है।

१. "कवर्ग आदि" के माध्यम से सूत्र द्वारा साकार/जड़ की उत्पत्ति की तरफ संकेत किया गया है।

कवर्ग आदि का मतलब भौतिक जगत (सृष्टि) और उसके ज्ञान से है।

इसे कवर्ग आदि इसलिए कहा गया है क्योंकि साकार की उत्पत्ति का आधार यही 64 ध्वनियां (24 स्वर और 42 व्यंजन, जिनमें कवर्ग प्रथम वर्ग है) हैं।

निराकार चैतन्य या जिसे ब्रह्म भी कहते हैं, उसकी साकार रूप लेने की इच्छा शक्ति को ब्रह्म नाद या ओम कहते हैं। ओम तीन ध्वनियों से मिलकर बना है : अ, उ तथा म।

अ, उ तथा म के मिलने से विभिन्न 64 ध्वनियां बनीं: स्वर और व्यंजन। ये ध्वनियां तरंग रूप लेती हैं और इन तरंगों की विभिन्न आवृत्तियां व मात्राएं जुड़ने से परमाणु, अणु और भौतिक तत्वों की उत्पत्ति होती है।

२. "देवी माहेश्वरी पशुओं की माता हैं", यहां, देवी माहेश्वरी माता हैं अर्थात संचालन शक्ति हैं। किसकी?

"पशुओं की" अर्थात जड़ की, यानि भौतिक जगत की।

माहेश्वरी यानि भगवान शिव महेश्वर की अर्धांगिनी जो कि शिव का ही साकार रूप हैं। देवी यानि माया अपनी संतति (भौतिक जगत) का संचालन (पालन, पोषण और लय) करती हैं।

इस प्रकार साकार, निराकार का ही शक्ति रूप है। निराकार यदि शिव है तो साकार

उसकी शक्ति, देवी माहेश्वरी है।

चित्त या माया के ज्ञान अर्थात विज्ञान का क्या महत्व है?
माया का ज्ञान सांसारिक ज्ञान है। यह ज्ञान उत्तरजीविता के लिए, जीव के जीवित रहने के लिए आवश्यक है। स्वयं का बोध होने पर भी व्यक्ति जब तक जीवित है, संसार में ही रहेगा और संसार में रहने के लिए सांसारिक ज्ञान की ही आवश्यकता होती है।

माया ज्ञान जीव को पशुता से ऊपर उठाने में सहायक है और स्व का ज्ञान जीवन मरण के चक्र से ऊपर उठाने में। स्व ज्ञान की तुलना शिवत्व से की गई है और माया ज्ञान की देवी माहेश्वरी यानि भगवान शिव महेश्वर की अर्धांगिनी से जो कि शिव का ही साकार रूप हैं। माया ज्ञान से साकार में और स्व के ज्ञान से निराकार में गति होती है।

भ्रांति यह है कि स्वयं के ज्ञान से संसार छूट जाएगा या सांसारिक जीवन जीना संभव नहीं होगा। जबकि इसका उलट यह है कि ये दोनो ज्ञान (स्वयं का और माया ज्ञान) एक दूसरे के विरोधी नहीं, सहायक हैं।
आत्म ज्ञान ही विज्ञान का सदुपयोग सिखाता है। आत्म ज्ञान के बिना विज्ञान का दुरुपयोग ही होता है।
आत्मज्ञान के बाद संसार में और भी सुंदरता से रहा जा सकता है। संसार से लिप्त होकर जीने में ही दुःख है, जो स्वयं के बोध में है वह संसार में रहता हुआ भी संसार से निर्लिप्त रह आनंद में होता है। राजा जनक इसका सर्वश्रेष्ठ उदाहरण हैं।

੦ৄੲ

त्रिषु चतुर्थं तैलवदासेच्यम्। ३-२१। अर्थ : तीनो में से चौथे (तुरिया) का तेल की तरह सिंचन करना चाहिए।

सूत्र १९ में बताया गया कि साधक अविनाशी ज्ञान में स्थित रह जन्म-मृत्यु के कारणों से परे होना चाहता है। अब प्रश्न यह है कि इस ज्ञान में स्थित कैसे रहा जाए?

इस सूत्र में यही बताया जा रहा है कि, ज्ञान में निरंतर स्थिति हेतु तीनों अवस्थाओं

में चेतना का होना आवश्यक है। तीनो अवस्थाओं जाग्रत, स्वप्न और सुषुप्ति में चेतना का एक समान होना ही तुरिया है। इसे ही चौथी अवस्था भी कह दिया जाता है। तीनों अवस्थाएं एक समान प्रकाशित रहें, इसके लिए उसे चित्त रूपी दिये में चेतना रूपी तेल का सिंचन करते रहना चाहिए।

चेतना में होना अर्थात अविनाशी ज्ञान के स्मरण में बने रहना। अविनाशी ज्ञान स्वयं के तत्व का बोध है। "मैं चैतन्य हूं, जिसका क्षय नहीं होता" ऐसा जान लेना ही अविनाशी ज्ञान है। इस ज्ञान की निरंतरता से चेतना विस्तृत होती है।

तीन अवस्थाओं जाग्रत, स्वप्न और सुषुप्ति में से जाग्रत में सभी की चेतना कम या ज्यादा रहती है, स्वप्न में चेतना नहीं रहती अचेतन मन कार्य करता है और सुषुप्ति (गहरी निद्रा) का कुछ भी भान नहीं होता। एक साधक को इन तीनों अवस्थाओं में 'जागा हुआ' होना चाहिए। 'जागा हुआ' का मतलब है कि वह स्वप्न में जाने कि यह स्वप्न है और सुषुप्ति, समाधि है, जिसमें मात्र होना है।

इस प्रकार, साधक को तीनों अवस्थाओं से अप्रभावित और निर्लिप्त होना चाहिए। जिस तरह निरंतर तेल सिंचन दिये को बुझने नहीं देता वैसे ही साधक के चित्त में चेतना का तेल कम नहीं होना चाहिए।

༦ ༢

मग्नः स्वचित्तेन प्रविशेत् । ३-२२ । अर्थ : ऐसा मग्न हुआ स्वचित्त में प्रवेश करे।

पिछले सूत्र में बताया गया कि साधक को तीनो अवस्थाओं में चेतना बनाये रखना चाहिए, साधक की चेतना, जब तीनो अवस्थाओं में एक समान होती है तब वह मूल स्वभाव में स्थित हो जाता है और असंग होकर आनंदमग्न रहता है, यही इस सूत्र में बताया गया है।

स्वचित्त में प्रवेश का मतलब है कि वह अपने आसपास हो रही घटनाओं, शरीर से संबंधित विषयों और मन में चल रहे विचारों, भावनाओं आदि से प्रभावित नहीं हो, स्वयं में ही मग्न रहता है। उसे आनंदित रहने के लिए किसी आश्रय की आवश्यकता नहीं होती। एक सामान्य व्यक्ति अपने चित्त में आनंद का अनुभव

तब करता है जब उसकी किसी इच्छा, वासना की पूर्ति होती है। एक साधक इस अवस्था को प्राप्त कर स्वतः अकारण आनंदित रहता है।

स्वचित्त में प्रवेश करे का मतलब यह भी है कि संसार में रहते हुए भी उसका प्रवेश या रहन संसार में नहीं होता स्वयं में होता है। वह कहीं आता जाता हुआ, व्यवहार करता हुआ, संसार में रहता हुआ दिखायी देता है लेकिन वह उन सभी से निर्लिप्त रह स्वयं में होता है। इस अवस्था को प्राप्त साधक की सभी इच्छाओं का अंत हो जाता है, वह साकार में रहते हुए भी निराकार में स्थित होता है। उसका शरीर संसार में दिखाई अवश्य देता है और शरीर के माध्यम से कुछ करता हुआ भी प्रतीत होता है किंतु वह उनसे सर्वथा अलग होता है।

शरीर संसार का है तो वह संसार में ही रहेगा और उसमें चलने वाली वृत्तियां भी समाप्त नहीं होंगी क्योंकि वृत्तियों के समाप्त होने पर शरीर भी समाप्त हो जाएगा। साधक शरीर और मन से परे हो जाता है, शरीर का जो स्वभाव है वैसा सहज रूप से होता रहता है और साधक अपने मूल स्वभाव, जो कि आनंद है, में स्थित होता है।

प्राण समाचारे समदर्शनम् । ३-२३ । अर्थ : सर्वत्र चैतन्य की ऊर्जा का स्फुरण जान समदृष्टि में होना।

पिछले सूत्रों में बताया गया कि साधक स्वयं को आत्म तत्व रूप में जानता है और अब यह सूत्र कहता है कि स्व में स्थित ऐसा साधक सम्पूर्ण जगत को भी उसी आत्म तत्व के रूप में देखता है। वह सर्वत्र एक ही जीवन के प्रवाह को देखता है।

प्राण अर्थात जीवन और समाचार अर्थात समान रूप से प्रवाहित । एक ही जीवन चराचर में समान रूप से प्रवाहित हो रहा है। अर्थात एक ही आत्मतत्व सर्वत्र व्याप्त है। यह जानकर साधक समदृष्टि में है। समदृष्टि अर्थात सम्पूर्ण जगत को बिना भेद किए देखना। वह जगत के सभी प्राणियों, वनस्पतियों और जड वस्तुओं में एक ही प्राण, एक ही जीवन को बहते हुए पाता है, इसीलिए उसकी दृष्टि समता की होती है।

एक ही परमात्म तत्व भिन्न भिन्न रूपों में व्यक्त हो स्वयं का ही अनुभव कर

रहा है। रूप अनंत हैं लेकिन जीवन एक ही है, जीव से जीवन नहीं, जीवन से जीव व्यक्त हो रहा है। साधक इस बोध में होता है और समदृष्टि से जगत को देखता है, सभी में स्वयं के ही दर्शन करता है, क्योंकि दूसरा है नहीं।

❧

मध्येऽवर प्रसवः । ३-२४। अर्थ : मध्य स्थिति में पतन का जन्म होता है।

सूत्र २२ एवं २३ में बताया गया कि साधक को तीनो अवस्थाओं में चेतना बनाए रखना चाहिए, तभी वह संसार में रहते हुए भी उससे निर्लिप्त रह स्वयं में ही मग्न रह सकता है। इस सूत्र में बताया जा रहा है कि मध्य (द्वंद्व) की स्थिति होने पर उसका पतन भी हो सकता है।

मध्य स्थिति क्या है?
पहले स्वरूप अज्ञात था अब स्वरूप का बोध हो गया कि निराकार मेरा तत्व है और निराकार व साकार दोनो वही है। साकार में रह मुझे अपनी निराकारता का बोध हो रहा है, ज्ञान हो रहा है लेकिन अज्ञेयता* में कोई बोध नहीं होगा, निराकार होना, विलीन होना, क्या मिटना है? यह भाव उसे द्वंद्व में डालता है। वह इस ज्ञान के साथ शरीर में, साकार में रहना चाहता है लेकिन वह यहीं धोखा खा जाता है कि यह द्वंद्व भ्रम यानि कि माया के कारण निर्मित हो रहा है। अंततः यही द्वंद्व उसके पतन का कारण बन जाता है, चित्तवृत्तियां पुनः उसे जकड लेती हैं और वह ज्ञान से च्युत होने लगता है।

इस द्वंद्व की स्थिति को सरल शब्दों में इस प्रकार समझा जा सकता है कि चेतना के उद्भव और विस्तार करते करते साधक जब पूर्ण विलय* से एक कदम की ही दूरी पर होता है तो माया के प्रभाव से संशय या द्वंद्व पैदा होता है। उसे लगता है, ये अहम रूपी आभासी पहचान में बुराई क्या है, विलय होकर भी क्या होगा। यह संशय विलीन होने के भय के कारण भी हो सकता है। इस द्वंद्व की स्थिति को ही मध्य स्थिति कहा गया है।

किसी आसक्ति या कष्ट के रूप में माया का महाठगिनी रूप इस मध्य स्थिति में साधक के सामने आता है क्योंकि उसकी एक रचना अब विलीन होने जा रही है।

पर समझने वाली बात ये है कि व्यक्ति स्वयं माया ही है तो उसका संशय ही उसे ठगता है और फिर से पतन की संभावना बन जाती है। पतन का अर्थ है निचली चित्तवृत्तियां का हावी हो जाना।यदि साधक में चेतना अस्थिर है तो वह इन वृत्तियों पर नियंत्रण खो देता है।

मध्य स्थिति में रुका नहीं जा सकता क्योंकि गतिशीलता प्रकृति का नियम है तो यदि ऊर्ध्वगति नहीं होगी तो पतन होना निश्चित है। यही इस सूत्र में कहा गया है कि ये बीच की स्थिति पतन को जन्म देती है। साधक इस 'मध्य' में न फंसे इसीलिए बाइसवें सूत्र में बताया गया है कि साधक तुरिया का तेल की तरह सिंचन करे यानि की चेतना का तेल कम न होने पाये जिससे ज्ञान का दिया प्रज्ज्वलित रहे।

----

*पूर्ण विलय यानि अहम का पूरी तरह गल जाना, ब्रह्म ही हो जाना।
*अज्ञेयता: ब्रह्म यानि सत्य अपरिवर्तित है, स्थायी है, वह मन और बुद्धि के परे है। ज्ञान केवल माया का हो सकता है, बुद्धि ब्रह्म को नहीं जान सकती। ऐसा बोध ही अज्ञेयता है।
एक शिशु अस्तित्व को जस का तस देख रहा है वह अज्ञेयता में डूबा, स्वानंद में डूबा उससे एकाकार है क्योंकि चित्त का विकास नहीं हुआ है, बुद्धि का विकास नहीं हुआ है। थोडा बडा होते ही वह अस्तित्व के उन दृश्यों को किन्ही नामों से नदी, पहाड, पेड के नाम से पुकारने लगता है जो कि सत्य नहीं आभास है और यही ज्ञान है। यह ज्ञान जो कि वास्तविक नहीं है केवल आजीविका में उपयोगी है चित्त के कारण होता है।

ॐ

मात्रास्वप्रत्यय सन्धाने नष्टस्य पुनरुत्थानम् । ३-२५ । अर्थ : आत्म स्वरूप में विश्वास की दृढ़ता बढ़ाने से नष्ट हुए का पुनरुत्थान होता है।

पिछले सूत्र में कहा गया कि संशय या द्वंद्व की स्थिति साधक को पतन की ओर ले जाती हैं। इस सूत्र में बताया जा रहा है कि यदि उसका आत्म स्वरूप में निश्चय दृढ हो जाए तो पतन के बाद भी वह वापस अपना उत्थान कर सकता है ।

दरअसल द्वंद्व पैदा होने का मूल कारण आसक्ति है। यह आसक्ति, निराशा, डर या दंभ के रूप में प्रकट होती है। आसक्ति होने का अर्थ है कि अभी आभासी मैं को सत्य माना जा रहा है। जो है (अहम) नहीं, उसको खोने का डर कैसा? यदि ऐसा डर है तो अभी स्वयं के चैतन्य या निराकार आत्मा होने के निश्चय में कमी है या कहें कि चेतना अस्थिर है। इसीलिए वह स्वानंद में स्थित न हो मध्य में, द्वंद्व में फंस गया है। परंतु यदि यह निश्चय दृढ़ हो जाए कि मैं संपूर्णता से अलग कोई व्यक्तित्व नहीं बल्कि निराकार ब्रह्म हूं, तो आसक्ति और भय समाप्त हो जाते हैं और पुनः चेतना के उत्थान से चित्त मुक्तावस्था की ओर गति करता है।

संशय की स्थिति में जो निचली वृत्तियां अनियंत्रित हो जाती हैं और सीमित होने का आभास करवाती हैं उनको नियंत्रित करने का एक ही उपाय है अपनी सीमितता को भ्रम जान नकार देना और मैं असीमित-अनंत हूं, इस निश्चय में दृढ़ रहना।

साधक में विशेष गुण होते हैं तभी वह आत्मानुसंधान का मार्ग चुनता है। उसमें वैराग्य और मुमुक्षत्व का गुण होता है, आत्मावलोकन का गुण होता है। स्वयं के पतन को वह देख रहा होता है अर्थात वह जान रहा रहा होता है कि चित्त और चित्तवृत्तियां कैसे कार्य करती हैं। जब पूर्ण विलय सर्वोच्च प्राथमिकता बन जाता है तो निचली वृत्तियों का प्रभाव स्वतः क्षीण होने लगता है और वह पुनः चित्त की उच्चतम अवस्था की ओर गति करता है।

☙

शिवतुल्यो जायते । ३-२६ । अर्थ : वह शिवतुल्य हो जाता है।

पिछले सूत्र को आगे बढ़ाते हुए अब यह सूत्र कहता है कि हर प्रकार के संशय से मुक्त होकर, सत्य स्वरूप में दृढ़तापूर्वक स्थित साधक का अहं पूर्ण रूप से गल जाता है और इस प्रकार वह शिवतुल्य हो जाता है।

शिवतुल्य होना क्या है?
शिव का अर्थ है "वह जो नहीं है" यानि शव समान है। जो समस्त प्रकार के अलगावों (मैं और मेरा) से मुक्त हो संपूर्णता से एकाकार हो गया है। ऐसी अवधूत अवस्था जिसमें द्वैत (अच्छे बुरे, नैतिक अनैतिक, ज्ञान अज्ञान) का भेद समाप्त हो गया है, जिसमें सब कुछ (द्रष्टा और दृश्य) समाहित हो गया है, वही शिवतुल्य होना है।

शिव के समान हो जाने का तात्पर्य है कि अब साधक में वो लक्षण दिखने लग जाते हैं जो प्रतीकात्मक रूप में शिव के साकार रूप में उपस्थित हैं। जैसे -

१. शिव ने शिखर पर चंद्रमा धारण किया हुआ है। चंद्रमा प्रतीक है चित्त का। शिखर पर चंद्रमा धारण करने का मायने है कि चित्त पूर्ण प्रकाशित है। यह दर्शाता है कि ऐसे साधक का अब चित्त वृत्तियों पर पूर्ण नियंत्रण है। वह निर्लिप्त होकर वृत्तियों को देखता है। जो वृत्तियां आवश्यक हैं, सिर्फ वही कर्म में बदलती हैं।

२. शिव के हाथ में त्रिशूल है जो कि तीन तरह के तापों (कष्टों) का प्रतीक है- दैहिक, दैविक और भौतिक। हाथ में त्रिशूल पकड़ने का अर्थ है, इन तीनों प्रकार के कष्टों को वश में कर लेना। शरीर और मन के कष्टों से मुक्त हो जाना।
अर्थात शिवतुल्य साधक इन तीनों प्रकार के तापों से प्रभावित या विचलित नहीं होता।

३. शिव के डमरू से शब्दों की उत्पत्ति होती है और उन शब्दों से सृष्टि की रचना, अर्थात ऐसा साधक अब प्रकृति के प्रतिकूल नहीं, वरन अनुकूल हो जाता है और लोक कल्याण के कार्यों (ज्ञान प्रसार आदि) के माध्यम से रचना में देवी (माया) का सहयोग करता है ।

४. शिव का कैलाश पर्वत पर ध्यानस्थ अवस्था में रहना प्रतीक है - वैराग्य, आनंद और निरंतर तत्व चिंतन का।
तो शिवतुल्य साधक निरंतर आनंद अवस्था में रहता है। वह संसार में रहते हुए भी संसार से विरक्त है, सभी वासनाओं से मुक्त है, तत्व विचार में निरंतर लीन है अर्थात सत्य स्वरूप में निरंतर स्थित है।

५. शिव देवताओं और दैत्यों दोनो को, समान दृष्टि से देखते हैं और तपस्या अनुरूप प्रसन्न होकर उनको वर देते हैं। यानि महाकरुणावान हैं। उसी प्रकार साधक की भी अच्छे - बुरे की भेद दृष्टि समाप्त हो जाती है। उसमें सबके लिए समान रूप से करुणा का भाव होता है।

इस प्रकार, शिव के समान हुआ साधक आशा निराशा के पाश से मुक्त हो जाता है, उसकी वाणी शुद्ध और प्रभावी हो जाती है, वह सदैव वर्तमान क्षण में रहता

है। क्योंकि उसका अहम गल चुका है तो वह सभी तरह की साधनाओं से मुक्त है। लोक कल्याण के कार्य करता हुआ दिखता है पर बिना किसी लक्ष्य के,अर्थात लक्ष्य रहित लक्ष्य। अब वह साधक नहीं, साधु है और आकाश की तरह शुद्ध और शाश्वत है।

शरीरवृत्तिर्व्रतम् । ३-२७ । अर्थ : शरीर की वृत्ति एक व्रत है।

सूत्र कहता है कि, जो शिवतुल्य हो गया है ऐसे योगी के, शरीर की वृत्ति ही व्रत है यानि कि उसका होना ही संकल्प है।

व्रत कुछ पाने के लिए संकल्प रूप में धारण किया जाता है, ऐसे योगी के लिए सब पाया हुआ ही है, वह निजता से परे है। वह "सर्व खल्विदं ब्रह्म" यानि सब कुछ ब्रह्म है, ऐसे भाव में है इसलिए अब उसका शरीर सिर्फ ब्रह्मांडीय संकल्प के लिए है।

ब्रह्मांडीय संकल्प अर्थात प्रकृति में चल रहा सतत विकासक्रम, जो कि जडता से चेतनता की ओर है। यह अज्ञान से ज्ञान की ओर जाने का संकल्प ब्रह्म का ही संकल्प है जो प्राकृतिक महायज्ञ के रूप में निरंतर चल रहा है। उस साधु का शरीर अब भोग आदि का माध्यम नहीं, वरन इस महायज्ञ की समिधा की भांति हो जाता है जो प्रकृति या मानव मात्र की सेवा के लिए प्रज्ज्वलित है। कैसी सेवा? भौतिक या सांसारिक सेवा नहीं परमार्थिक उपलब्धि के लिए ज्ञान सेवा। दुख और बंधन से पीड़ित मानवता को मुक्ति की राह दिखाने की सेवा।

शरीर की वृत्ति व्रत है, का मतलब यह भी कि है कि, इस ब्रह्मांडीय संकल्प के निमित्त जब तक उसके शरीर की भूमिका या आवश्यकता होती है, तब तक ही वह शरीर में रहता है अन्यथा स्वेच्छा से शरीर का त्याग कर देता है। उसके शरीर के माध्यम से होने वाला प्रत्येक कार्य व्रत है, अनुष्ठान है, पूजा है।

कथा जपः । ३-२८ । अर्थ : वह जो भी बोलता है, वही जप है।

शिवतुल्य हुए सिद्ध योगी की सिद्धियां या योग्यताएं बताने के क्रम में, पिछले सूत्र में उसके शरीर को ब्रह्मांडीय संकल्प का निमित्त बताया गया, अब आगे यह सूत्र कहता है कि उस शरीर के माध्यम से व्यक्त होने वाला वाणी का प्रत्येक शब्द जप के समान है अर्थात उसका एक भी शब्द निरर्थक नहीं है।

जप क्या है ?
निरंतर किसी विचार पर मन को स्थित करना, एकाग्र करना, जप है। जप का साधन विशेष मंत्र होता है जिसके अभ्यास से साधक आत्मभाव में स्थित होने का प्रयास करता है, किंतु ऐसे सिद्ध योगी को अब किसी मंत्राभ्यास की आवश्यकता नहीं बल्कि उसके मुख से निकला प्रत्येक शब्द ही मंत्र है। वह निष्प्रयास है और कुछ भी अनावश्यक नहीं बोलता, उसकी वाणी से प्रकट हुआ प्रत्येक शब्द मंत्र समान प्रभावी होता है।

उसके शब्द मंत्र की तरह कल्याणकारी होते हैं, उन शब्दों से जन सामान्य और साधकों के भ्रम का निवारण होता और उन्हे आंतरिक शांति की प्राप्त होती है। इस प्रकार सिद्ध योगी का हर कथन जप के समान है।

౷

दानं आत्मज्ञानम् । ३-२९। अर्थ : आत्मज्ञान ही उनका दान है।

पिछले सूत्रों में कहा गया कि, उस सिद्ध योगी का शरीर लोककल्याण के निमित्त है, उसका प्रत्येक शब्द मंत्र की तरह कल्याणकारी है। यह सूत्र एक और उच्च वृत्ति, दान के विषय में कह रहा है कि, आत्मज्ञान ही उसका दान है।

कैसे?
तो पहले देखते हैं कि दान क्या होता है?अपने संग्रह से याचक के इच्छित को उसे सौंप देना दान है। वस्तु आदि के दान से याचक का अल्पकालिक कल्याण होता है या उसके दुरुपयोग से हानि भी हो सकती है। वस्तु आदि का दान सभी दे सकते हैं किंतु आत्मज्ञान का दान वह ही दे सकता है जो स्वयं आत्मभाव में स्थित हो।

एक सिद्धयोगी ऐसा ही दानी है जिसके माध्यम से स्वतः आत्मज्ञान प्रसारित होता रहता है। जो भी सत्य के खोजी हैं, जिज्ञासु हैं, वे उसकी तरफ आकर्षित होते हैं और उससे यह ज्ञान पाकर आत्मकल्याण को प्राप्त होते हैं। अर्थात उनकी आंखों पर से अज्ञान का पर्दा हटता है जिससे दुख और बंधन से मुक्ति मिलती है। इसलिए ज्ञानदान को ही सर्वोत्तम दान कहा गया है।

आत्मज्ञान सर्वोत्तम दान कैसे है ?

दान में दी जाने वाली वस्तुएं सीमित होती हैं, उनका क्षय भी हो जाता है। वस्तुओं का दान ऐसा है जैसे स्वप्न में कोई मुसीबत में हो और उसकी सहायता कर दी जाए तो थोड़े समय के लिए उसे सुख मिल जाता है। आत्म ज्ञान का दान स्वप्न से जगाने के समान है, किसी को जागृत कर दिया जाए तो स्वप्न में दिखने वाले सारे कष्ट स्वतः ही समाप्त हो जाते हैं।

आत्म ज्ञान का दान दरअसल अज्ञान का नाश करना है। यह सभी अभावों से मुक्त करता है। यह बीज एक बार डल जाए तो साधक की अंधकार से प्रकाश की तरफ यात्रा आरंभ हो जाती है। यह बीज अक्षय है, मृत्यु के बाद भी संस्कार के रूप में साथ जाता है। ज्ञानमय हुआ वह योगी आत्मज्ञान का ही दान देता है। ज्ञान के प्रकाश से सभी याचकों के चित्त के अंधियारों को मिटाता जाता है।

☙

योऽविपस्थो ज्ञाहेतुश्च । ३-३०। अर्थ : जो असंग है और ज्ञान का कारण है।

पिछले सूत्र में कहा गया कि सिद्ध योगी आत्मज्ञान का दान करता है। यह सूत्र बता रहा है कि, वह ये दान करता हुआ दिखाई देता है, पर वास्तव में वह करता नहीं, उससे होता है। उसमें दाता होने का भाव नहीं है, ना ही उसे किसी फल की अपेक्षा है अर्थात वह असंग है। वह ज्ञान का निमित कारण है।

असंग होना क्या है?

जो मायारहित है अर्थात जगत से लिप्त नहीं है, वही अकेला व असंग है और जो असंग है वही ज्ञान का कारण हो सकता है। संसार से जो लिप्त है वह ज्ञान का कारण नहीं हो सकता क्योंकि उसमें कर्ताभाव है। जो असंग है उसमें कर्ता और कर्म

नहीं हैं। उससे होने वाला कार्य स्वतः होने वाली क्रिया है।

उसके माध्यम से कर्म होते हुए प्रतीत होते हैं लेकिन उसे उन कर्मों से कोई आसक्ति नहीं होती। वह स्वयं को उन कर्मों का कर्ता नहीं मानता है और न ही वह किसी विशेष परिणाम की आशा रखता है। जिस तरह प्रकृति में सूर्य, प्रकाश व ताप का निमित्त होते हुए भी उस कर्म से असंग है अर्थात उससे स्वतः ही वह क्रिया होती है, वैसे ही उस सिद्ध योगी के माध्यम से आत्मज्ञान के दान का कार्य स्वतः होता है, वह देने के भाव से और परिणाम से असंग है।

स्वशक्ति प्रचयोऽस्य विश्वम् । ३-३१। अर्थ : स्वशक्ति का विस्तार उसका विश्व है।

पिछले सूत्र में बताया गया कि, वह योगी ज्ञान का कारण होते हुए भी असंग है। यह सूत्र उसी बात को आगे बढाते हुए कहता है कि, असंग होने के कारण वह इस भाव में है कि उसका कुछ नहीं होते हुए भी, सब उसी का है। अब क्योंकि उसका अहम विस्तारित होने से वह संपूर्ण विश्व ही हो गया है तो उसकी शक्ति विश्वशक्ति के समतुल्य है, यही स्वशक्ति प्रचय है ।

एक सामान्य व्यक्ति की शक्ति सीमित होती है क्योंकि वह अज्ञानजनित सीमितता के बोध में है। ऐसा योगी क्योंकि सीमाओं से परे अपने शुद्ध स्वरूप में स्थित है इसलिए उसकी शक्ति या आत्मबल भी असीमित हो जाता है ,उसके आत्मबल का प्रभाव क्षेत्र पूरा विश्व ही हो जाता है।

ब्रहम की स्वशक्ति* एक से अनेक होकर क्षुद्र अहं के रूप में, भेद के रूप में व्यक्त होती है, और उस भेद की मिथ्या जानने के बाद जब क्षुद्र अहं तिरोहित हो जाता है तो वह विस्तृत अहं में परिवर्तित हो जाता है। चेतना विस्तृत होने से उसके अनुभव सीमित न रहकर असीमित हो जाते हैं, जो इंद्रियातीत होते हैं यानि अब उसकी इंद्रियों की सीमा अनंत हो जाती है।

जब योगी की चेतना अखंड हो जाती है, तब उसका चित्त मुक्त हो जाता है। अर्थात व्यक्ति लीन हो जाता है, अब वह मानव चित्त की सीमाओं में बंधा हुआ नहीं है, वह

समस्त रचनाओं के चित्त का अनुभव कर सकता है। यह अव्यक्तिगत चेतना है। यह अव्यक्तिगत चेतना जब और विकसित व विस्तारित होती है तो अंततः चित्त का विलय हो जाता है। अब वह शुद्ध चेतना मात्र है। यही विलीन चित्त, विश्वचित्त या सगुण ब्रह्म कहलाता है।

इस प्रकार,सिद्ध योगी का प्रत्येक संकल्प वैश्विक संकल्प हो जाता है जो कि स्वतः पूर्ण होता है क्योंकि उसके माध्यम से जो भी होता है, वह विश्व कल्याण के लिए होता है और उससे वह असंग होता है। उसे अपनी सीमाओं का भी ज्ञान नहीं रहता। उसका कार्यक्षेत्र सीमित न रह असीमित हो जाता है। उसकी चेतना विश्वचेतना हो जाती है, यानि कि संपूर्ण विश्व ही उसका हो जाता है।

ब्रह्म की स्वशक्ति : ब्रह्म ही अस्तित्व है, उसकी स्वशक्ति अर्थात उसमें जो अव्यक्त से व्यक्त होने की संभावना है। वही उसकी ऊर्जा है। अव्यक्त ऊर्जा जब व्यक्त होती है तो अस्तित्व यानि ब्रह्म के अनेक रूप प्रकट होते हैं।

୬౨

स्थितिलयौ । ३-३२ । अर्थ : इसमें दोनो स्थितियों का लय (समावेश) है।

पिछले सूत्र में कहा गया कि, चेतना विस्तारित होने से अंततः योगी के चित्त का विलय हो जाता है और वह विश्वचित्त या सगुण ब्रह्म हो जाता है। तो प्रश्न उपस्थित होता है कि वह अभी भी शरीर में है, तो क्या वह स्वयं के केंद्र को बनाए रखते हुए भी लय हो सकता है? तो यह सूत्र इसी प्रश्न का उत्तर देता है कि, उसमें दोनो स्थितियों का लय है। वह केंद्र के साथ भी लय है और केंद्र के बिना भी लय है।

जिसे ब्रह्म कहा गया है, वो सगुण और निर्गुण दोनो है। भगवान श्री राम, श्री कृष्ण, आदि शंकराचार्य आदि अवतारों को इसीलिए सगुण ब्रह्म कहा गया है। ऐसे अवतार संपूर्ण चेतना में विश्व के कल्याण हेतु निराकार से साकार में आते हैं, यानि कि उनमें दोनो स्थितियों का समावेश है, वे निराकार भी हैं और साकार भी हैं।

योगी ज्ञान का कारण है उसका शरीर ज्ञानप्रसार का निमित है। वह सर्वत्र स्वयं को ही पा प्रेम और करुणा से भरा हुआ है। वह मनुष्य रूप में जन्म लेकर अज्ञान

जनित दुःख से पीड़ित मानवता की व्यथा को देख चुका है। मनुष्य चेतना में उसे स्वयं की मुक्ति की चाह थी लेकिन विश्वचेतना में हो अब उसे सभी की मुक्ति की चाह होती है और इसीलिए वह बार बार साकार में आता है।

वह शरीर में है तो शरीर से असंग हो वैश्विक चेतना से लय है और शरीर में नहीं है तो चेतना के रूप में वैश्विक चेतना के साथ लय है। वह साकार से निराकार हो सकता है तो निराकार से साकार में भी आ सकता है, उसमें दोनो स्थितियां लय हैं। जिन्हे अवतार या ईश्वर कहा जाता है वह ऐसे ही सद्गुरु या महान योगी होते हैं जो विश्वकल्याण के निमित साकार रूप में आते हैं।

☙

तत् प्रवृत्तावप्यनिरासः संवेत्तृभावात् । ३-३३ । अर्थ : अशरीरी होने पर भी चेतना में स्थित होने के कारण कार्य में संलग्न होता है।

पिछले सूत्र में बताया गया कि, ऐसा योगी ब्रह्म ही हो जाता है, जो सगुण भी है और निर्गुण भी । तो प्रश्न उपस्थित होता है कि स्थूल शरीर के न रहने पर भी क्या वह विश्व कल्याण के कार्यों या ज्ञानप्रसार आदि में प्रवृत रह सकता है? यह सूत्र इसी प्रश्न का समाधान प्रस्तुत करता है कि, वह चेतना में स्थित होने के कारण शरीर में न होते हुए भी इस कार्य में प्रवृत रहता है।

योगीजन जिस स्थान पर सशरीर रहकर कार्य करते और शरीर छोडते हैं, उन स्थानों पर उनकी आध्यात्मिक ऊर्जा व्याप्त रहती है और वह ऊर्जा निरंतर कार्य करती है। वैसे स्थानों पर साधना करने से साधकों की सहज ही प्रगति होती है। शरीर में न रहने पर उनकी उपस्थिति सर्वव्यापी होने से और भी ज्यादा प्रभावी हो जाती है क्योंकि स्थूल शरीर के अवरोध समाप्त हो जाते हैं।

आज भी ऐसे योगी हैं, जो अशरीरी होते हुए भी आध्यात्मिक कार्यों में संलग्न हैं। वे अपनी ऊर्जा के प्रसारण और उसके प्रभाव से विश्व कल्याण की दिशा सुनिश्चत करते हैं। वे आध्यात्मिक साधकों की सहायता और उनकी प्रगति के लिए सतत संलग्न रहते हैं।

☙

सुख दुःखयोर्बहिर्मननम् । 3-34 । अर्थ : सुख दुःख से परे चिंतन में होता है।

पिछले सूत्र में बताया गया कि, अशरीरी होने से शारीरिक बाधाओं से मुक्त हो योगी आध्यात्मिक कार्यों में प्रभावी रूप से संलग्न रहता है। यह सूत्र बता रहा है कि देह में होने पर स्थूल देह जनित बाधाएं उत्पन्न या उपस्थित होती हैं पर वह योगी सुख दुःख से परे सदैव चिंतन में रहता है।

सुख दुःख क्या है? जो भी इच्छित है, मन के अनुकूल है; वह सुख है और जो प्रतिकूल है; वह दुःख है। एक के उपस्थित होने से दूसरे की अनुपस्थित का आभास होता है। योगी शरीर व मन से परे है, कोई भी इच्छा उसकी नहीं है, जगत में उसकी उपस्थिति का कारण केवल करुणा और प्रेम का भाव है।

योगी का चिंतन क्या होता है? उसमें केवल जगत कल्याण का भाव होता है और वह सदैव उसी के चिंतन में होता है। इसी हेतु वह स्थूल जगत में आकर शारीरिक बाधाओं का सामना करते हुए भी अपने कल्याणकारी कार्यों को संपन्न करता है।

साधु का शरीर व मन रूपी रथ ज्ञानप्रसार का निमित्त है, साधन है। वह शरीर में स्थित होते हुए भी जिस तरह उससे लिप्त नहीं है वैसे ही वह मन के सुख दुःख आदि भावों से भी लिप्त न हो असंग है। ऐसा सिद्ध योगी मन में उत्पन्न होने वाली प्रिय, अप्रिय संवेदनाओं से अप्रभावित रहता है। रामकृष्ण परमहंस जी, रमण महर्षि जी इसका उदाहरण हैं। जिनकी देह के कैंसर जैसे भयंकर रोग से पीड़ित होने पर भी वह पीड़ित नहीं हुए। ऐसे महायोगी देह से सर्वथा निर्लिप्त हो, देह की समाप्ति तक अपने ज्ञान के प्रसारण में लोक कल्याण के कार्यों में संलग्न रहते हैं ।

तद्विमुक्तस्तु केवली । ३-३५ । अर्थ : जो ऐसा विमुक्त है वह केवली है।

सूत्र कहता है कि, जो ऐसा विमुक्त है यानि आवागमन (निराकारता या साकारता में) हेतु स्वतंत्र है, सुख दुःख के भाव से मुक्त है, जिसके लिए दूसरा है ही नहीं, जिसमें द्वैत का पूर्ण नाश हो गया है, जो जान रहा है कि सर्वत्र वह ही वह है, ऐसा सिद्ध महायोगी कैवल्य को प्राप्त है।

केवली या कैवल्य क्या है?
जिसके सारे कर्मबंधनों का क्षय हो गया है, जो शून्य होते हुए भी सर्वज्ञ है। जिसके लिए कुछ भी अदृष्ट नहीं है, कुछ भी अज्ञात नहीं है, कुछ भी जानना शेष नहीं है। जिसकी दृष्टि पारदर्शी हो गई है, जिसके समक्ष माया के सारे रहस्य उजागर हैं।

ऐसा योगी सब जान रहा है किंतु यह भी जान रहा है कि यह बुद्धि से परे का ज्ञान है, बुद्धि के द्वारा जानना खंड खंड करके जानना है। उसके जानने में जानने वाले का अंत हो गया है। वह वास्तविकता के बोध में है, जिसमें एक ही चेतना सर्वत्र व्याप्त हो रही है और वह वही चेतना है या वही है।

जो जन्ममरण से मुक्त हो अपनी इच्छा से शरीर लेता व छोडता हो, बुद्धि से परे एकत्व के बोध में हो, ऐसा ज्ञानस्वरूप, चैतन्य स्वरूप योगी 'केवली' है।

❦

मोहप्रतिसंहतस्तु कर्मात्मा । ३-३६ । अर्थ : मोह को वश (नियंत्रण) में रख कर्मात्मा होता है।

पिछले सूत्र में बताया गया कि, वह सर्वज्ञ है, उसके समक्ष माया के सारे रहस्य उजागर हैं, यह सूत्र बता रहा है कि वह माया में कर्म करता है लेकिन वे कर्म आत्मा के स्वभाव के अनुसार यानि प्रकृति के नियमों के अनुरूप होते हैं, वह मोह के वश में नहीं वरन मोह को वश में रख कार्य करता है।

मोह के नियंत्रण से आशय क्या है?
मोह अर्थात देह या भौतिक पदार्थों को सत्य समझने वाली बुद्धि, जो जगत में दुःख का कारण है, लेकिन वही बुद्धि जब शुद्ध हो नियंत्रण में कार्य करती है तो

माया में सहायक हो जाती है।

संसार में व्यक्ति की लिप्तता मैं-मेरा के मोह वश होती है, योगी आत्मा की एकता को जान निर्लिप्त है, उसका मोह नियंत्रित है। संसारी अज्ञानता वश स्वयं को कर्ता मानता है, योगी सर्वज्ञ है, उसमें संयम है, तो उसका कर्मों पर भी नियंत्रण होता है।

कैसे और क्यों कर्मात्मा है?

ऐसा योगी एकत्व बोध में है, यानि कि बुद्धि के परे, माया के परे, मूल स्वभाव में स्थित है, लेकिन वह माया के रहस्यों को जानने वाला सर्वज्ञ भी है। बुद्धि के द्वारा जो जाना जाता है वह उपयोगिता का ज्ञान है, जो जीव के जीवन के लिए उपयोगी है, योगी जानता है कि माया में परिवर्तन अवश्यंभावी है लेकिन परिवर्तन की दिशा को मोडा जा सकता है, उसकी अवधि को कम या ज्यादा किया जा सकता है।

योगी यही करता है, वह जगत कल्याण की कामना से माया में फेरबदल करता है, इसीलिए वह कर्मात्मा है। वह अपने संकल्प से प्रकृति को अनुकूल करता है क्योंकि उसका संकल्प प्रकृति का ही संकल्प होता है।

☙

भेद तिरस्कारे सर्गान्तर कर्मत्वम् । ३-३७ । अर्थ : जब पृथकता का बोध समाप्त होता है, तो क्रिया शक्ति सृजनात्मक हो जाती है।

पिछले सूत्र में बताया गया कि योगी मोह को वश में रख कर कर्म करता है। अब प्रश्न उठता है कि जब वह एकत्व के बोध में है और मोह के वशीभूत भी नहीं है तो उसके कर्म कैसे होते हैं? अब जब व्यक्ति ही नहीं बचा तो कोई इच्छा भी नहीं, कुछ प्राप्त करने योग्य भी नहीं बचा तो ऐसा प्रतीत होता है कि सिद्ध योगी अब कुछ नहीं करता परंतु इस सूत्र में बताया गया है कि पृथकता का बोध समाप्त होने पर योगी में असीमित सृजनात्मक शक्ति का उदय होता है।

सूत्र में, भेद तिरस्कार से सर्गान्तर कर्मत्वम् की बात कही गई है। भेद तिरस्कार अर्थात पृथकता का बोध समाप्त होना और सर्गान्तर कर्मत्व का आशय क्रियाशक्ति के सृजनात्मक होने से है।

पृथकता का बोध और उसका समाप्त होना क्या है?

व्यक्ति का स्वयं को संपूर्णता का भाग न मान, अपने अस्तित्व को एक अलग रचना या इकाई के रूप में देखना पृथकत्व है। इस अलगाव और सीमितता के बोध के कारण उसकी क्रिया शक्ति भी सीमित होती है। जब इस पृथकत्व के भ्रम का नाश होता है तो योगी के व्यक्तित्व का नाश हो जाता है और वह अस्तित्व ही हो जाता है। पहले वह स्वयं को सिर्फ रचना समझता था, अब वह जान जाता है कि रचना और रचनाकार दोनो वही है। ऐसा जानने से, उसकी क्रिया शक्ति असीमित हो जाती है।

सर्गान्तर का मतलब क्या है और क्रियाशक्ति सृजनात्मक कैसे होती है? सर्ग किसी महाकाव्य का अध्याय होता है, सर्गान्तर का मायने उसी अध्याय के साथ एक नए अध्याय का जुड़ना है। जैसे नदी जब सागर में जाकर मिलती है तो उसकी सीमित सृजन शक्ति सागर की सृजन शक्ति के साथ संबद्ध हो जाती है। इसको और स्पष्ट करने के लिए ऐसे समझ सकते हैं कि नदी में सीमितता है, पृथकत्व है, तो उसके जल में वाष्पीकरण का गुण तो है पर उससे वर्षा की रचना संभव नहीं है, उसके जल का वाष्पीकरण, वर्षा की रचना में तभी बदलता है जब वह सागर में समाहित होती है। यानि सागर में समाहित होते ही उसकी क्रिया शक्ति सृजनात्मक हो जाती है। अब वह वर्षा करने की शक्ति के साथ स्वतः संबद्ध हो गई क्योंकि अब वह सागर ही हो गई है।

प्रकृति में सृजन पहले से हो ही रहा है, योगी उसी सृजनात्मक शक्ति का हिस्सा हो जाता है। यानि सृजन में सहयोग करता है और यह क्रिया रचना की निरंतरता में सहयोगी होती है। वह प्रकृति से समस्वर है, माया में रहते हुए, माया से परे रह, माया के लिए, माया के माध्यम से कार्य करता है। वह संचालन शक्ति जो संपूर्ण ब्रह्मांड का संचालन और नियमन करती है, योगी उस संचालन शक्ति के साथ मिलकर कार्य करता है।

੭੭

करणशक्तिः स्वतोऽनुभवात् । ३-३८ । सृजन शक्ति स्वतः प्रकट है।

अनुभव अर्थात जो भी प्रकट है। सूत्र कहता है कि योगी की सृजनात्मक शक्ति का कारण कोई प्रयास नहीं वरन वह स्वतः प्रकट होती है।

पिछले सूत्र में बताया गया कि जब पृथकता का बोध समाप्त होता है तो योगी की क्रिया शक्ति सृजनात्मक हो जाती है। अब प्रश्न उठता है कि इस सृजनात्मकता का कारण क्या है? तो इस सूत्र में इस प्रश्न का उत्तर देते हुए कारणहीनता को स्पष्ट किया गया है कि योगी की यह शक्ति प्राप्त करने की कोई व्यक्तिगत इच्छा नहीं है, ना ही वह इसके लिए कोई प्रयास करता है। संपूर्णता के बोध में होने से यह सृजनात्मकता अपने आप अनुभव में आती है यानि स्वतः प्रकट होती है।

यह शक्ति आत्मभाव में स्थिति का परिणाम मात्र है। जिस प्रकार सागर में वर्षा की सृष्टि की शक्ति अन्तर्निहित होने से वह स्वतः प्रकट होती है, उसी तरह संपूर्णता में स्थित होने से योगी में सृजनात्मक शक्ति का स्वतः उदय होता है। परब्रह्म* ने ही एक से अनेक रूप लिये हैं, वह ही सीमित भी है और असीमित भी है, सीमितता में उसे अपने मूल स्वभाव का विस्मरण हो जाता है।

एक सामान्य व्यक्ति में सृजन की असीमित संभावना होते हुए भी उसकी सृजन शक्ति सीमित होती है क्योंकि उसने स्वयं को मनोशरीर यंत्र ही मान रखा है। उसके द्वारा किए जाने वाले सृजन में मनोशरीर यंत्र के माध्यम से प्रयास आवश्यक होता है। इसके विपरीत एक सिद्ध योगी की इच्छा तत्क्षण साकार रूप लेती है, बिना प्रयास के पूर्ण होती है। उदाहरण के लिए एक योगी लोकहित का कोई ऐसा कार्य करना चाहता है जिसमें पर्याप्त धनराशि की आवश्यकता है तो उसकी व्यवस्था उसके संकल्प मात्र से ही हो जाती है। एक सामान्य व्यक्ति की तरह उसे उस कार्य संपादन हेतु प्रयास से धन अर्जित करने की आवश्यकता नहीं रहती।

इसी प्रकार, व्यक्ति सीमित है तो उसकी इच्छा भी सीमित रूप में प्रकट होती और आकार लेती है, योगी का संकल्प अनंतता में प्रभाव उत्पन्न करने में सक्षम है क्योंकि वह भेदरहित हो आत्मभाव में स्थित है। इच्छा सृजन का आधार है, इच्छा की दृढता संकल्प में और संकल्प साकार में परिवर्तित होता है। योगी का संकल्प ही उसकी क्रिया है, वह अपने संकल्प से परिवर्तन के प्रभाव को संतुलित करता है और वैसी परिस्थितयां निर्मित करता है जो उसकी इच्छा के अनुकूल परिवर्तन को आकार दे सकें।

----

* *परब्रह्म : जिसे परमात्मा भी कहा जाता है। सब कुछ उसी से निसृत हो वापस उसी में लय होता है। उसकी चेतना ही ऊर्जा में रूपांतरित हो, जड से चेतन की यात्रा*

के रूप में, अस्तित्व के रूप में भासित होती है।

෨෧

त्रिपदाद्यनुप्राणनम् । ३-३९। अर्थ : त्रिविध शक्तियों के स्रोत से प्रेरित होता है।

पिछले सूत्र में बताया गया कि योगी में सृजन शक्ति स्वतः प्रकट होती है, इसके लिए उसे कोई प्रयास नहीं लगता, ना ही सृजन हेतु उसकी कोई व्यक्तिगत इच्छा होती है। अब प्रश्न ये उठता है, तो फिर योगी के माध्यम से होने वाले इस सृजन की प्रेरक शक्ति क्या है? एक सामान्य व्यक्ति जो भी कर्म करता है उसके पीछे कोई इच्छा होती है जो कर्म करने के लिए प्रेरित करती है, वही कर्म का प्राण होती है, उसे गति प्रदान करती है। बिना प्रेरक शक्ति के कर्म संभव नहीं है, तो योगी के सृजनात्मक कर्मों का प्राण सिंचन किस प्रेरक शक्ति द्वारा होता है? यह सूत्र इसी प्रश्न का उत्तर देते हुए कहता है कि सृजन हेतु योगी उस आदि शक्ति से प्रेरित होता है जो त्रिपदा की मूल शक्ति है।

त्रिपदा की मूल शक्ति क्या है?
सृष्टि के संचालन या निरंतरता में तीन प्रकार की शक्तियां कार्यरत हैं - सृजन (ब्रह्मा), पालन (विष्णु) और विनाश (महेश)। इन्ही शक्तियों को गुणों के आधार पर क्रमशः सत्व, रजस और तमस के रूप में वर्गीकृत किया गया है। सूत्र में त्रिपदा शब्द इन्ही तीन शक्तियों की ओर संकेत करता है।
इन त्रिविध शक्तियों का प्रदुर्भाव जिस आदिशक्ति से होता है वह ब्रह्म की इच्छा शक्ति है। इसे ही त्रिगुणात्मिका माया या देवी भी कहा जाता है। यह देवी ही योगी के सृजन की प्रेरक शक्ति है।

त्रिपदाद्य यानि त्रिविध शक्तियों की स्रोत को निम्न उदाहरण द्वारा और अधिक स्पष्टता से समझा जा सकता है।
वर्षा रूपी रचना में त्रिविध शक्तियों के दर्शन होते हैं, पहला है वर्षा का सृजन अर्थात वर्षा होना, दूसरा उसका विकास (वर्षा जल का संग्रहण और संवहन) और तीसरा उन संग्रहणों का समाप्त होते जाना। वर्षा रूपी रचना की इन तीन अवस्थाओं से भी जो पहले है, वह है मानसून का सागर से उठना, यह उठाव या वेग ही सागर की

शक्ति है जिससे वर्षा रूपी रचना संभव होती है।

योगी ब्रह्म की इसी सृजनात्मक शक्ति से जुड़ा हुआ है जो सृष्टि की संचालन शक्तियों की भी शक्ति है।

ब्रह्म और ब्रह्मा : ब्रह्म अस्तित्व या संपूर्णता है और ब्रह्मा अस्तित्व की तीन नियामक शक्तियों में से एक शक्ति है, जो कि सृजनात्मक शक्ति के रूप में है।

❧

तदारूढप्रमितेस्तत्क्षयाज्जीवसंक्षयः । ३-४०। अर्थ : ऐसे कैवल्य आरूढ योगी की अभिलाषा के क्षय के कारण जन्म मृत्यु का पूर्ण क्षय हो जाता है।

पिछले सूत्रों में बताया गया कि, ऐसा योगी अस्तित्व की सृजनात्मक शक्ति यानि देवी की प्रेरणा से कार्य करता है, उसकी स्वयं की कोई इच्छा नहीं होती, देवी की इच्छा ही उसकी इच्छा होती है।
यदि इस इच्छा का भी क्षय हो जाए, तो उसके केंद्र का परब्रह्म में पूर्ण विलय हो जाता है,अर्थात शुद्ध अहम का भी विलय हो जाता है।

❧

अभिलाषाद्बहिर्गतिः संवाह्यस्य । ३-४१ । अर्थ : कामना संभावना के रूप में गतिमान है।

पिछले सूत्र में योगी की अभिलाषा के क्षय की बात कही गई। अब यह सूत्र कहता है कि वास्तव में उसकी अभिलाषा, जो पहले चैतन्य में साकार रूप में प्रकट थी अर्थात सीमित थी, अब चैतन्य की संभावना का रूप ले लेती है। अर्थात वह अनंत हो जाता है।

❧

भूतकञ्चुकी तदा विमुक्तो भूयः पतिसमः परः । ३-४२। अर्थ : ऐसा भूत कञ्चुकी (आवरण) विमुक्त पुरुष शिव समान ही होता है।

सूत्र कहता है कि, उसके समस्त आवरण नष्ट हो जाते हैं। उसके भौतिक आवरण के नाश के साथ, जीवत्व (स्मृति) का भी नाश हो जाता है। वह शिव समान अर्थात तत्व रूप हो जाता है।

ॐ

नैसर्गिकः प्राणसंबन्धः । ३-४३। अर्थ : नैसर्गिक जीवन से संबंध हो जाता है।

सूत्र कहता है कि, उसकी चेतना का अनंत चेतना में लय होने से वह समस्त प्रकृति में स्पंदित होने लगता है।

ॐ

नासिकान्तर्मध्य संयमात् किमत्र सव्यापसव्य सौषुम्नेषु । ३-४४। अर्थ : अब क्या नासिका के मध्य संचार करने वाली दायें बायें और सुषुम्ना का संयम।

सूत्र कहता है कि, अब सारी साधनाओं का अंत हो गया है। साधन तो यात्रा के लिए होते हैं, गंतव्य पर पहुँचने पर साधनों की उपयोगिता समाप्त हो जाती है।

ॐ

भूयः स्यात् प्रतिमीलनम् । ३-४५। अर्थ : कदाचित पुनः उसका उसी से मिलना हो गया।

सूत्र कहता है कि, यात्रा जहां से आरंभ होती है वहीं समाप्त होती है, कहीं आना जाना नहीं है, अर्थात जो चेतना की लहर चैतन्य में उठी प्रतीत हुई थी वापस उसी में समा जाती है।

।।ओम्, शिवार्पणं अस्तु ।।

शिवसूत्र "संक्षिप्त" (प्रथम पग से गंतव्य तक) "एक सरलतम प्रस्तुति"

शाम्भवोपाय

१- (प्रश्न- मैं क्या हूं?) आत्मा (मैं) चैतन्य या शुद्ध चेतना है : चैतन्यमात्मा

२- (प्रश्न- तो नामरूप (शरीर और मन) का जो ज्ञान हो रहा है, वह ज्ञान क्या है?) जानना भेद करके ही संभव है, यह सीमितता का ज्ञान बंधन है : ज्ञानं बन्धः

३- (प्रश्न- यह जगत क्या है?) विभिन्न योनियां संपूर्णता की ही कलायें हैं : योनिवर्गः कलाशरीरम्

४- (प्रश्न- यदि विभिन्न योनियां संपूर्णता की ही कलायें हैं तो इनमे भेद की प्रतीति क्यों होती है, इस भेद ज्ञान का आधार क्या है? इस ज्ञान का आधार माया है : ज्ञानाधिष्ठानं मातृका

५- (प्रश्न- यह जीवन संघर्ष क्या है?) अस्तित्व में सब स्वतः हो रहा है, व्यक्ति स्वयं को कर्ता मान लेता है : उद्यमो भैरवः

६- (प्रश्न- संसार जो दुःख का कारण है, इससे मुक्ति कैसे हो?) शक्तिचक्रों से ऊपर उठने पर संसार की समाप्ति है अर्थात चेतना को ऊपर उठा कर : शक्तिचक्रसन्धाने विश्वसंहारः

७- (प्रश्न- चेतना का आरोहण कैसे हो?) जाग्रत, स्वप्न, सुषुप्ति इन तीनो अवस्थाओं के भेदन से तुर्या या जागरण में रहना संभव है : जाग्रत्स्वप्नसुषुप्तभेदे तुर्याभोगसंभवः

८- (प्रश्न- इससे क्या ज्ञान होगा?) पहला- ज्ञान में होना ही वास्तविक जागना है : ज्ञानं जाग्रत्

९- दूसरा- जो संसारिक ज्ञान में है वह स्वप्न में है, उसमें विकल्प या कल्पनाएं हैं : स्वप्नो विकल्पाः

१०-तीसरा - जो निम्न वृत्तियों में है वैसा निरा अज्ञानी सुषुप्ति में है : अविवेको मायासौषुप्तम्

११- (प्रश्न- जो वास्तविक जागृति में है, वह कौन है?) तीनो अवस्थाओं से ऊपर जो स्थित है, वह महावीर है। : त्रितयभोक्ता वीरेशः

१२- (प्रश्न- उसकी भावदशा कैसी है?) वह शिशु की भांति जगत एकाकार से एकाकार हो विस्मय से देख रहा है : विस्मयो योगभूमिकाः

१३- (प्रश्न- उसकी इच्छा क्या है?) उसकी इच्छा (संकल्प) उमा की भांति शिवमय होना है : इच्छा शक्तिरुमा कुमारी

१४- (प्रश्न- वह स्वयं के शरीर को किस भाव से देखता है?) उसके लिए शरीर अन्य दृश्यों की भांति दृश्य है : दृश्यं शरीरम्

१५- (प्रश्न- वह जगत को किस भाव से देखता है?) हृदय में चित्त के समाहित होने से वह प्रेम भाव में है और उसके लिए दृश्य जगत स्वप्नवत हो जाता है : हृदये चित्तसंघट्टाद् दृश्यस्वापदर्शनम्

१६- (प्रश्न- उसकी शक्ति क्या है?) शुद्ध तत्व (शिवत्व) में लय होने से आत्मबल का उदय होता है, अब उसकी शक्ति सीमित नहीं रही : शुद्धतत्त्वसन्धानाद् वा अपशुशक्तिः

१७- (प्रश्न- वह किस ज्ञान में है?) आत्मज्ञान तर्क से परे वितर्क है, वह आंतरिक मौन में है : वितर्क आत्मज्ञानम्

१८- (प्रश्न- उसका सुख क्या है?) सर्वव्याप्ति का भाव ही समाधिसुख है : लोकानन्दः समाधिसुखम्

१९- अब वह स्वतंत्र इच्छाशक्ति या संकल्प से शरीर धारण करता है :

शक्तिसन्धाने शरीरोत्पत्तिः

२०- धरा के उत्कर्ष हेतु भौतिक से पृथक रह वह विश्व के संघर्ष में अवतरित होता है : भूतसन्धान भूतपृथक्त्व विश्वसंघट्टाः

२१- अंततः शुद्ध चेतना (सृष्टि चक्र से परे) में विलीन हो जाता है : शुद्धविद्योदयाच्चक्रेशत्व सिद्धिः

२२- महासागर के आयोजन की भांति वह चैतन्य स्वयं की रचना शक्ति को दोहराता अनुभव करता है : महाह्रदानुसन्धानान्मन्त्रवीर्यानुभवः

शाक्तोपाय

१- मन ही मंत्र है अर्थात संसार से मुक्ति चित्त के माध्यम से ही संभव है: चित्तं मंत्र:

२- (प्रश्न- इसके लिए करना क्या है ?) प्रयास से चित्त को साधना है : प्रयत्नः साधक:

३- (प्रश्न- साधना के लिए आवश्यक शक्ति क्या है ?) जीव की चेतना शक्ति ही मंत्र का रहस्य है : विद्याशरीरसत्ता मन्त्ररहस्यम्

४- (प्रश्न- चेतना शक्ति जाग्रत करना आवश्यक क्यों है?) चित्त के विकास की गर्भावस्था में चेतना शक्ति सुप्त होने के कारण चित्त असंतुलित या अज्ञानयुक्त है : गर्भे चित्तविकासोऽविशिष्ट विद्यार्वप्नः

५-(प्रश्न: चेतना के विकास से क्या होता है?) चेतना के समुचित उत्थान से स्वाभाविक खेचरी शिवावस्था प्राप्त होती है : विद्यासमुत्थाने स्वाभाविके खेचरी शिवावस्था

६- (प्रश्न: इस साधना की विद्या को प्राप्त करने का उपाय क्या है?) उपाय गुरु है : गुरु उपायः

७-(प्रश्न- गुरु से प्राप्त विद्या का परिणाम क्या है?) प्रकृति का सम्यक बोध हो

जाता है : मातृका चक्र संबोध:

८- (प्रश्न- माया के सम्यक बोध से क्या होता है?) देह भाव से मुक्त हो जाता है : शरीरं हवि:

९- (प्रश्न- यदि देहभाव समाप्त हो गया तो अब वह करता क्या है?) आत्मज्ञान को पोषित करता है : ज्ञानं अन्नं

१०- (प्रश्न- आत्म ज्ञान के पोषण से क्या होता है?) उसके लिए कुछ भी जानना शेष नहीं रहता और जगत स्वप्नवत हो जाता है : विद्यासंहारे तदुत्थ स्वप्न दर्शनम्

आणवोपाय

१- साकार भी आत्मा है अर्थात यह जीव भी आत्मा ही है : आत्मा चित्तम्

२- साकार ही आत्मा है, साकार को ही सत्य मान जीना और निराकार को अनदेखा कर देना, ऐसा ज्ञान बंधन है : ज्ञानं बन्धः

३- साकार, जो कि परिवर्तनशील है, को तत्व (सत्य) मानना अविवेक है और यह अविवेक ही माया है : कलादीनां तत्त्वानां अविवेको माया

४- शरीर के नाश से मेरा भी नाश हो जाता है, यह भ्रम है। शरीर का नाश परिवर्तन मात्र है, मैं शरीर से पृथक हूं: शरीरे संहारः कलानाम्

५- (प्रश्न - शरीर से पृथकता का बोध कैसे हो सकता है?) नाडी संहार से भूत जय (देहभाव से उठना), भूत कैवल्य (शाश्वत तत्व), भूतपृथक्त्वानि (देह से पृथक सत्यस्वरूप) का बोध होता है: नाडी संहार भूतजय भूतकैवल्य भूतपृथक्त्वानि

६- (प्रश्न - देह से पृथकता का बोध होने से क्या होता है?) मोह का आवरण हटाने में सफलता मिलती है : मोहावरणात् सिद्धिः

७- (प्रश्न- मोह पर विजय प्राप्त करने से क्या होता है ?) मोह पर विजय प्राप्त

होने से, अनंत के आनंद की प्राप्ति होती है और सहज ज्ञान का उदय होता है :
मोहजयाद् अनन्ताभोगात् सहजविद्याजयः

८- (प्रश्न- सहज ज्ञान से क्या होगा?) वास्तविक जागना होगा, पहली किरण है
‘संसार में जागना’ और दूसरी किरण है ‘संसार से जागना’ : जाग्रद् द्वितीयकरः

९- (प्रश्न - वास्तविक जागृति होने से क्या बोध होता है?) आत्मा नर्तक है और
जीव उसका नृत्य है : नर्तकात्मा

१०- प्रश्न- संसार क्या है? संसार मुझमें (आत्मा में) है, बाहर नहीं अर्थात संसार
प्रतीति मात्र है : रङ्गोऽन्तरात्मा

११- (प्रश्न- फिर यह बाह्य जगत का अनुभव क्या है?) इंद्रियों द्वारा बताई गई
सूचना मात्र है, सच नहीं, ये दर्शक हैं : प्रेक्षकाणीन्द्रियाणि

१२- (प्रश्न- इंद्रिय विषयों की मिथ्या जानने से क्या होता है?) बुद्धि शुद्ध होकर
वश में आती है अर्थात बुद्धि का समर्पण होता है जिससे कि सत्य में स्थिति होती
है : धीवशात् सत्त्वसिद्धिः

१३- (प्रश्न- सत्य अर्थात आत्मस्वरूप में स्थित होना क्या है अर्थात मेरा स्वरूप
कैसा है?) पहला- कि वह मुक्त है : सिद्धः स्वतन्त्रभावः

१४- दूसरा- वह निराकार सर्वव्यापी है : यथा तत्र तथान्यत्र :

१५- तीसरा- वह साकार भी है और निराकार भी है, स्वतंत्रभाव से बाहर और भीतर
समान रूप से स्थित है : विसर्गस्वाभाव्याद् अबहिः स्थितेस्तत्स्थितिः

१६- (प्रश्न- सत्य तक पहुंचने का साधन क्या है?) मूल में चित्त की एकाग्रता अर्थात
ध्यान या साक्षीभाव: बीजावधानम्

१७- (प्रश्न- साक्षीभाव से क्या होगा?) बैठा हुआ आनंद सागर में नहाता है
(समाधि) : आसनस्थः सुखं ह्रदे निमज्जति

१८- (प्रश्न- समाधि बोध क्या है?) नाशवान ज्ञान (अहं) से ऊपर उठ जाना अर्थात अस्तित्व से अलग सीमित होने के बोध का नाश हो जाना : स्वमात्रा निर्माणं आपादयति

१९- (प्रश्न- समाधि बोध से क्या होता है?) अविनाशी ज्ञान (तत्व बोध) में निरंतर बने रहने से जन्म का विनाश हो जाता है : विद्या अविनाशे जन्म विनाशः

२०- (प्रश्न- नाशवान ज्ञान का क्या कोई महत्व नहीं है?) चित्त में संचित ज्ञान शब्द ज्ञान है जो केवल संसार में रहने के लिए उतरजीविता के लिए आवश्यक है : कवर्गादिषु माहेश्वर्याद्याः पशुमातरः

२१- (आगे की साधना क्या है?) तीनो में से चौथे (तुरिया) का तेल की तरह सिंचन करना चाहिए : त्रिषु चतुर्थं तैलवदासेच्यम्

२२- (प्रश्न- तुरिया के क्या परिणाम हैं?) पहला- स्वयं के आनंद जगत में प्रवेश पाता है : मग्नः स्वचित्तेन प्रविशेत्

२३- दूसरा- जीवन के समाचारों (सर्वत्र परमात्म ऊर्जा का स्फुरण है) में समदृष्टि हो जाती है : प्राण समाचारे समदर्शनम्

२४- परंतु विलीनता के भय से द्वंद्व का भी जन्म हो सकता है : मध्येऽवर प्रसवः

२५- (प्रश्न- द्वंद्व से कैसे उबरा जाता है?) आत्मविश्वास के जागरण से वापस पतन से उत्थान हो जाता है : मात्रास्वप्रत्यय सन्धाने नष्टस्य पुनरुत्थानम्

२६-(प्रश्न- इस उत्थान से कैसी गति प्राप्त होती है?) पहला- अब वह शिवतुल्य है : शिवतुल्यो जायते

२७- दूसरा- उसके शरीर की वृत्ति ही व्रत है : शरीरवृत्तिर्व्रतम्

२८- तीसरा- उसका कथन ही जप है : कथा जपः

२९- चौथा- आत्मज्ञान ही उसका दान है : दानं आत्मज्ञानम्

३०- पांचवां- अब वह असंग है और ज्ञान का कारण है : योऽविपस्थो ज्ञाहेतुश्च।

३१-छठा- स्वशक्ति का विस्तार उसका विश्व है : स्वशक्ति प्रचयोऽस्य विश्वम्

३२-सातवां - इसमें दोनो स्थितियों का लय है अर्थात वह निराकार भी हो सकता है और साकार में भी आ सकता है : स्तिथिलयौ

३३-आठवां - अशरीरी होने पर भी चेतना में स्थित होने के कारण कार्य में संलग्न होता है : तत् प्रवृत्तावप्यनिरासः संवेतृभावात्

३४- नौवां - सुख दुःख से परे चिंतन में होता है : सुख दुःखयोर्बहिर्मननम्

३५- जो ऐसा विमुक्त है वह केवली है : तद्विमुक्तस्तु केवली

३६- मोह को वश (नियंत्रण) में रख कर्मात्मा होता है अर्थात वह इच्छावश नहीं प्रेरणावश कार्य करता है: मोहप्रतिसंहतस्तु कर्मात्मा

३७- जब पृथकता का बोध समाप्त होता है, तो क्रिया शक्ति सृजनात्मक हो जाती है : भेद तिरस्कारे सर्गान्तर कर्मत्वम्

३८- सीमाओं के समाप्त होने से सृजन शक्ति का स्वतः अनुभव होता है : करणशक्तिः स्वतोऽनुभवात्

३९- त्रिविध शक्तियों (सृजन, पालन,संहार) के स्रोत अर्थात चैतन्य की क्रियाशक्ति (प्रकृति) से प्रेरित होता है : त्रिपदाद्यनुप्राणनम्

४०- अब उसकी कामना साकार से निराकार में संभावना के रूप में गतिमान है : अभिलाषाद्बहिर्गतिः संवाह्यस्य

४१- ऐसे कैवल्य आरूढ योगी की अभिलाषा के क्षय के कारण जन्म मृत्यु का पूर्ण क्षय हो जाता है : तदारूढप्रमितेस्तत्क्षयाज्जीवसंक्षयः

४२- समस्त भौतिक आवरण और जीवत्व का नाश हो जाता है, वह शिव समान होता है : भूतकञ्चुकी तदा विमुक्तो भूयः पतिसमः परः

४३- समस्त प्रकृति अब उसी का स्फुरण है : नैसर्गिकः प्राणसंबन्धः

४४- अब नासिका के मध्य संचार करने वाली दायें बायें और सुषुम्ना आदि का क्या संयम अर्थात यात्रा का अंत होने से अब साधन अर्थहीन हैं : नासिकान्तर्मध्य संयमात् किमत्र सव्यापसव्य सौषुम्नेषु

४५- कदाचित चेतना की लहर का चेतना के अनंत सागर से अर्थात उसका उसी से मिलन हो गया : भूयः स्यात् प्रतिमीलनम्

जानिए ! स्वयं को

मनुष्य का जन्म पा कर व्यक्ति की प्राथमिकता स्वयं को जानना होना चाहिए किंतु स्वयं को छोड़ संसार को जानने के चक्कर में मूल्यवान जीवन व्यर्थ चला जाता है। आध्यात्मिक प्यास कृपा से जागती है। जिज्ञासु, मैं क्या हूं, ये संसार क्या है, इन प्रश्नों के उत्तर के लिए बहुत सी आध्यात्मिक पुस्तकें टटोलता है, ज्ञानी जनों के व्याख्यान सुनता है किंतु इन तरीकों से शब्द ज्ञान हो भी जाए तो भी आत्मज्ञान संभव नहीं है। मूल प्रश्नों का समाधान अर्थात आत्मज्ञान, बिना गुरु के निर्देश और बिना व्यवस्थित चले नहीं हो सकता।

आज का व्यक्ति समयाभाव में जी रहा है, इसी समस्या को चिन्हित करते हुए गुरुतत्त्व की करुणा इस तीन घंटे के त्रिज्ञान के रूप में छलकी है। सदगुरु श्री तरुण प्रधान जी द्वारा रचित, वेदांत के ज्ञान का यह सरल और संक्षिप्त प्रारूप जिज्ञासु साधकों के आत्मबोध प्राप्ति और जीवन रूपांतरण में सहायक सिद्ध हो रहा है।

त्रिज्ञान हेतु तीन दिन तक प्रतिदिन केवल एक घंटे का समय देना है, जिसमें पहले दिन आत्मज्ञान, दूसरे दिन मायाज्ञान और तीसरे दिन ब्रह्मज्ञान के विषय में बताया जाता है।

यह ज्ञान गुरु-शिष्य परंपरा के अनुसार मौखिक रूप से गुरु द्वारा शिष्य को सीधा दिया जाता है। यह विधि एक व्याख्यान नहीं है, बल्कि एक वार्तालाप है। यह सेवा पूरी तरह निशुल्क है और फ़ोन या इंटरनेट पर प्रदान की जाती है। जिसके लिए लिख कर संपर्क कर सकते हैं:

(E mail) reenu.jaipur@gmail.com
(E mail) aditya.dmt67@gmail.com
(web.) https://gyanmarg.guru

आदित्य मिश्रा

www.ingramcontent.com/pod-product-compliance
Lightning Source LLC
Chambersburg PA
CBHW040814120726

48005CB00012B/1416